"老虎"要露头就打,"苍蝇"乱飞也要拍。要推进全面从严治党向基层延伸,严厉整治发生在群众身边的腐败问题。

——摘自习近平在十九届中央纪委二次全会的讲话

郡县治 天下安 加强县域法治建设 实法法治 国家基 丙申夏日 景宇书

国务院法制办原主任杨景宇同志为本书题词

# 晒晒权力
# 聊聊权利

## 公职人员法律风险防范指南

王建华　叶水荣／等著

SHAISHAIQUANLI
LIAOLIAOQUANLI

GONGZHI RENYUAN
FALV FENGXIAN FANGFAN
ZHINAN

中国检察出版社

图书在版编目（CIP）数据

晒晒权力　聊聊权利：公职人员法律风险防范指南/王建华等著．
—北京：中国检察出版社，2018.1
ISBN 978 - 7 - 5102 - 1717 - 3

Ⅰ.①晒… Ⅱ.①王… Ⅲ.①县 - 社会主义法制 - 建设 -
研究 - 浙江　Ⅳ.①D927.55

中国版本图书馆 CIP 数据核字（2016）第 190310 号

### 晒晒权力　聊聊权利——公职人员法律风险防范指南

课题顾问：陆剑锋　陈志君　李志坚
王建华　叶水荣　等著

| | |
|---|---|
| 出版发行： | 中国检察出版社 |
| 社　　址： | 北京市石景山区香山南路 109 号（100144） |
| 网　　址： | 中国检察出版社（www.zgjccbs.com） |
| 编辑电话： | （010）86423753　86423708 |
| 发行电话： | （010）86423726　86423727　86423728 |
| | （010）86423730　68650016 |
| 经　　销： | 新华书店 |
| 印　　刷： | 河北省三河市燕山印刷有限公司 |
| 开　　本： | A5 |
| 印　　张： | 7　插页 8 |
| 字　　数： | 197 千字 |
| 版　　次： | 2018 年 1 月第一版　2018 年 1 月第一次印刷 |
| 书　　号： | ISBN 978 - 7 - 5102 - 1717 - 3 |
| 定　　价： | 45.00 元 |

检察版图书，版权所有，侵权必究
如遇图书印装质量问题本社负责调换

浙江省法学会年度重点课题

顾　问：陆剑锋　陈志君　李志坚

# 编辑指导委员会

主　任：孔　璋　董服标
副主任：陈祖增　吴志刚　李晏子　茅玉芬
成　员：（以姓氏笔画为序）
　　　　王　盛　王　辉　包照玉　叶水荣
　　　　张永红　郑永省　唐孟东　谢菊初
　　　　谢翠鸣　潘崇敏

**台州法治文化研究丛书**
顾　问：徐卫华
主　编：王建华
副主编：童明强　林君荣　叶建辉　潘君辉

课题指导：董服明（浙江省法学会研究部主任）
课题策划：田　雄（《民主与法制时报》总编辑助理）
课题组组长：王建华
副组长：杨　虎　金琴云　冯根才　吴农长
成　员：冯泽云　陈　羽　陈　洁　关　心
　　　　崔　瑛　赵敏琦　章增辉　林恩伟

# 序一：

# 愿法治文化之花在浙江大地盛开

*

前几天，省法学会同志送来一叠书稿让我为其作序。说这是浙江以"县域法治"研究为题首个被中国法学会选入的部级年度课题，也是浙江省法学会的法学理论应用转化课题。我粗略地翻了翻书稿的内容，主要由三张清单近百个案例组成。清单简明扼要、案例通俗易懂，生动阐释了"县域法治"建设的基本法理和浙江省三门县"县域法治文化"建设取得的成就。

2006年4月，在时任省委书记习近平同志提议下，浙江省委召开全会对建设法治浙江进行了全面部署。从那时起，建设法治浙江就成为全省上下的共同使命和责任担当。10年来，几届省委坚持一张蓝图绘到底、一任接着一任干，坚持不懈地推进法治浙江建设，取得了丰富的理论成果、制度成果和实践成果。我们要深入挖掘法治浙江这个"富矿"，把10年来探索的智慧结晶和实践财富挖掘好、总结好，为我们在新的起点上全面深化法治浙江建设提供指导，努力以出色成绩向法治浙江建设10周年献礼。

本书作者王建华结合三门县的权力清单制度改革实践，对国家权力与公民权利协调互动的"县域法治"模式进行了深入的研究，取得了丰硕成果，尤其是"县域法治文化"建设的相关研究，颇有

---

\* 胡建淼，国家行政学院一级教授、法学部主任、博士生导师。

新意，是深入挖掘法治浙江"富矿"、总结基层实践经验的不可多得之作。

在法治浙江建设10周年之际，我们既要看到成绩、总结经验，更要看到不足、查出短板。要深入查找党员干部、法治工作队伍、人民群众在法治浙江建设中需要突出加强的短板，采取有针对性的措施，不断加强各方面的法治实践锻炼，不断增强党员干部和人民群众的法治意识，做到一个环节一个环节细照，一个步骤一个步骤推进，最终一个短板一个短板补齐。

纪念法治浙江建设10周年，最好的方式就是以更大的工作劲头、更实的工作措施、更优的工作方法，抓好各项法治建设任务的落实。希望浙江各地像三门县一样，把法治浙江建设的主要精力放在抓落实上，敢于抓落实，善于抓落实，大胆抓落实，形成心往一处想、劲往一处使的合力，结合各地实际大力推进"县域法治"，在新的起点上不断深化法治浙江建设，不断提升法治浙江建设的水平。

我赞同书中"法治的本质是一种文化"的提法。法治的含义不只是建立一套机构制度，也不只是制定一部宪法一套法律。法治文化是文化培育的重要组成部分，具有文化的一般特征，是一种价值、一种信仰，一种思维方式，是不同于人治的全新的文化样态。培育"县域法治文化"，对加快法治浙江建设，具有基础性和根本性的作用。

愿法治文化之花在浙江大地盛开！

序二：

# 县域法治建设的生动实践

丁祖年[*]

郡县治，天下安。法治建设的难点和着力点在基层，县域在国家治理和社会发展中处于基础性和本源性地位。破解县域法治建设难题，推动县域法治发展，已成为我国法治探索实践的重要课题。十八届四中全会提出，推进多层次多领域依法治理，深入开展多层次多形式法治创建活动，深化基层组织和部门、行业依法治理，支持各类社会主体自我约束、自我管理，要建立重心下移、力量下沉的法治工作机制。《晒晒权力 聊聊权利——公职人员法律风险防范指南》一书作者通过亲历浙江省三门县权力清单制度改革实践，以三张清单近百个案例及漫画形式生动展现了三门县"县域法治"建设图景，这对于弘扬社会主义法治精神，增强公民学法尊法守法用法意识，提升领导干部运用法治思维和法治方式能力，推进国家治理体系和治理能力现代化具有重要的意义。

此为序。

---

[*] 丁祖年，浙江省人大常委会副秘书长、法工委主任。

# 前言：让权力在阳光下运行

李志坚*

  一个政府要让人民满意，必须做到为民、务实、清廉，必须让权力在阳光下运行。法治社会，本质上是"权利社会"而非"权力社会"；"权力"只是手段，"权利"才是目的。党的十九大报告中50余次提到"法治"，并明确提出了加强对人民人身权、财产权和人格权的保护，这对于全面推进法治中国，全面建成小康社会具有深远的历史意义和重大的现实意义。

  任何政府权力与公民权利发生冲突或不协调关系，都会成为一个地方社会不安定的重要因素。如何加强保护人民的人身权、财产权和人格权，是今后立法、执法、司法部门在新时代所面临的重大课题。本书结合权力清单制度改革实践，对国家权力与公民权利协调互动的"县域法治"模式进行了深入研究，从法治文化角度推出三张"清单"（即权力清单、权力负面清单、公民权利法律保护清单）很有新意：权力清单告诉权力行使者行政权力的边界在哪里？权力负面清单列举了大量案例，告诉人们权力一旦失控，危害触目惊心！公民权利法律保护清单则通过大量案例的分类解读，让公民知道自己应该如何依法维权。我们应该把保护公民权利作为法治的工作目标和政府公布"权力清单"的终极目标，让人民群众知道每个单位、岗位有什么权、该干什么事、该负什么责等权力运

---

\* 李志坚，浙江省台州市人大常委会副主任。

行全流程，让权力在阳光下运行，便于社会监督，更有利于公权力行使者的自我风险防范。公布政府部门的"权力清单"，归根结底还是要维护和保障公民的合法权利。从这个意义上说，公民权利的"法律保护清单"既能促进政府部门"权力清单"的顺利执行，也能告诫广大公民维护权利必须依法进行。

  中国自古就崇尚郡县治，天下安。将"县域法治"作为中国法治建设的基础性工作和落脚点，是一个不错的选题。特别是将政府权力与公民权利良性协调互动作为"县域法治"的基本模式，具有很强的现实意义，符合党的十九大报告提出以人民为中心的发展思想，很值得在法治层面的不断实践和理论层面的深入探索。人大常委会是人民代表大会的常设机构，代表人民行使国家权力，加强对人民权利的保护，对行政权力运行的监督和制约，密切关注政府权力与公民权利的协调互动关系，确保权力在阳光下运行，应该成为我们今后的一项重要工作。

  书中展示大量发生在基层乡镇党政部门及村干部的违法犯罪案例，并对公职人员的法律风险进行提示和解读，能有效地帮助党政干部学法、知法、守法、用法，起到"以案说法知荣辱、警示教育促廉洁"的作用！希望广大公职人员加强学习，提高修养，贯彻十九大精神，自觉运用法治思维和法治方式，在"两学一做"活动中，不断提高深化改革、推动发展、化解矛盾、维护稳定的能力和水平！

# 目 录

序一 ········································································ 001
序二 ········································································ 003
前言：让权力在阳光下运行 ········································ 001

## ❧ A. 权力清单 ❧

### 一、行政许可权
1. 路桥费征收引质疑　滥用行政许可是根源 ············ 003
2. 公安机关管理停车场　行政许可权起争议 ············ 004

### 二、行政确认权
1. 房屋遗产待分割　行政确权要仔细 ······················ 008
2. 车辆登记能否代替车辆所有权的确认 ··················· 009

### 三、行政处罚权
1. 工商行使处罚权不当　当事人可以主张权利 ········ 012
2. 没有权限却处罚　自己刻章自己盖 ······················ 013

### 四、行政强制权
1. 强制执行要依法　程序合规是关键 ······················ 018
2. 没有资格也强制　委托执法不可行 ······················ 019

### 五、行政征收权
1. 免费公开政府信息　保护公民知情权 ··················· 023
2. 政策优惠有前提　想走捷径不可取 ······················ 024

### 六、行政裁决权
1. 拆迁补偿说不清　政府帮忙来裁决 ······················ 028

2. 注册商标冲突　先行裁决再起诉 ·················· 029

## 七、行政给付权
　1. 建设经济适用房　保障低收入群体 ·················· 035
　2. 下班路上受工伤　工伤保险来帮忙 ·················· 036

## 八、行政奖励权
　1. 价格举报　人人有责 ································· 040
　2. 爱心公益助社会　个人隐私要保护 ·················· 041

## 九、其他行政权力
　1. 警察征用有前提　出示证件为公务 ·················· 045
　2. 防汛任务最紧急　人民安全放第一 ·················· 046

# B. 权力负面清单

## 一、贪污犯罪
　1. 职权本应为民谋福利　贪心却将自己送牢里 ······ 053
　2. 贪污手法再高明　难逃财务审查关 ·················· 054
　3. 十几万元不算多　八年徒刑也不短 ·················· 054
　4. 合伙贪污　一同坐牢 ································· 055
　5. 侵占别墅本以为高枕无忧　被举报却以贪污罪论处 ····· 055

## 二、受贿、索贿犯罪
　1. 征用土地有赔偿　收受贿赂要坐牢 ·················· 061
　2. 从县长到书记前程乐观　因防线崩溃后患无穷 ······ 062
　3. 法律不相信"原则" ································· 063
　4. 从善如登　从恶如崩 ································· 063

## 三、挪用公款、挪用资金犯罪
　1. 村官双双入狱　都缘挪用公款 ······················· 074
　2. 公私不分铸大错　请人帮忙进班房 ·················· 075

3. 挪用公款未使用　对其定罪宽而不枉 …………… 076
 4. 村支书挪用公款是违法　乡政府以经济纠纷追讨真糊涂 …… 077
 5. 挪用资金千万元　返还以后还判刑 ………………… 077

### 四、滥用职权犯罪

 1. 误出认定书导致严重后果　工作人员涉嫌滥用职权犯罪 … 082
 2. 受朋友所托假公济私　滥用职权构成犯罪 ………… 083
 3. 滥用职权谋拆迁补偿款　终以诈骗罪被判处刑罚 …… 084

### 五、玩忽职守犯罪

 1. 酒后失枪铸大错　玩忽职守罪应得 ………………… 087
 2. 曹某虽未正确履职　但也不应强求入罪 …………… 088
 3. 杨某分文未取　缘何犯罪 …………………………… 089

### 六、违反纪律应当受到处罚的行为

 1. 戏谑丑化领导人　违反政治纪律受处分 …………… 095
 2. 不报、瞒报　违反组织纪律 ………………………… 096
 3. 伪造拆迁手续牟利　损害群众利益 ………………… 097
 4. 收受巨额贿赂　违反廉洁纪律 ……………………… 097
 5. 不担主体责任　违反工作纪律 ……………………… 097
 6. 思想蜕变腐化　违反生活纪律 ……………………… 098

## C. 公民权利法律保护清单

### 一、公民人身权利

 1. 擅自放置节育环　侵害人体健康权 ………………… 105
 2. 同窗相残法不容　杀人偿命受重罚 ………………… 106
 3. 为索债强扣他人剥夺人身自由　判徒刑才知道非法追款不应该 …………………………………………………… 107
 4. 忍让受欺侮　以法护尊严 …………………………… 108
 5. 网络不是法外之地　诽谤造谣依法追究 …………… 108

## 二、公民人身自助权利

1. 身遇男子不法侵害　农妇正当防卫受保护 …………… 114
2. 危急时刻避重就轻　紧急避险法律规定 ……………… 115
3. 杀夫罪大恶极本该处以死刑　因孕妇不适用死刑得以逃生 …………………………………………………………… 116
4. 曹某构成盗窃罪　因自首从宽处罚 …………………… 117
5. 合同签订不履行本该受罚　特大水灾意外发生享免责权 …… 118

## 三、公民财产权利

1. 轿车所有权人是谁　法律判决谁出资谁所有 ………… 123
2. 小区地下停车位使用引争议　诉诸法律争得建筑物区分所有权 …………………………………………………………… 125
3. 相邻权益受侵害　讨回采光通风权 …………………… 126
4. 一间房屋买卖引争议　因为涉及财产共有权 ………… 127
5. 土地承包经营权受侵害　法律判决停止侵权赔偿损失 …… 128

## 四、公民知识产权

1. 使用版画未经许可　原告起诉索赔维权 ……………… 135
2. 侵害录音制作版权　承担侵权民事责任 ……………… 136
3. 侵害商标专用权　承担经济赔偿责任 ………………… 137
4. 使用已有公知技术　专利侵权不成立 ………………… 138
5. 侵犯商业秘密　追究法律责任 ………………………… 139

## 五、公民民主权利

1. 招聘限身高　依法寻平等 ……………………………… 144
2. 为"竞选"动用暴力　入牢房自酿苦果 ………………… 145
3. 宗教信仰无保障　恋爱结婚受干扰 …………………… 146
4. 不畏强暴行使检举权　法律支持惩治施暴人 ………… 147
5. 公民具有行政了解权（知情权）　不公开可能被诉行政不作为 …………………………………………………………… 148
6. 原告诉诸法律屡次被驳回　寻求的是抵制违法行政权 … 150

## 六、公民劳动权利

1. 克扣工资押金无理　限制选择职业权违法 …………… 156
2. 企业扣发工资不当　可申请仲裁解决争端 …………… 157
3. 工作 12 小时条款无效　职工休息权请求合法 ………… 158
4. 伤亡概不负责的约定违法　劳动安全保护权依法保护 … 159
5. 职业技能培训权受侵　诉诸法律解决争端 …………… 160
6. 退休工资无保障　诉诸法律讨说法 …………………… 161

## 七、公民婚姻家庭权利

1. 公民享有婚姻自主权　欺诈取得的结婚证无效 ……… 166
2. 合法婚姻受法律保护　学校勒令退学或开除违法 …… 167
3. 非婚生子女与婚生子女具有同等权利 ………………… 168
4. 自行签订送养协议无效　收养权需要民政部门确认 … 169
5. 赡养协议合法有效　受赡养权得到维护 ……………… 170
6. 定期探望女儿合理　法律支持探望权利 ……………… 171

## 附　　录

附录一：国家权力与公民权利协调互动的"县域法治"
　　　　模式构建——以三门县权力清单改革为样本的
　　　　分析（节选）………………………………………… 179
附录二：三门检察赋 …………………………………………… 191
附录三：记住法律中的重要数字 …………………………… 195

参考文献 ………………………………………………………… 206
后　　记 ………………………………………………………… 209

# A. 权力清单

权力清单就是对于各级政府及其各个部门权力的数量、种类、运行程序、适用条件、行使边界等予以详细统计，形成目录清单，为权力划定清晰界限。清单所涵盖的范围就是政府权力的合法行使范围，意即清单以外，政府权力不能随意进入的范围。我国政府权力清单制度发端于 2000 年前后国内启动的对行政机关具体行政行为全面规范的工作，至今已经历了初探、试点导入和规范推广三个阶段。2014 年 3 月，国务院审改办在中国机构编制网公开了国务院各部门的行政审批事项汇总清单，这是中央政府首次公布的权力清单。

2005 年，浙江省人代会上有过一份《关于对政府行政首长权力进行清理的议案》，这是省人大代表、时任台州市政协副主席兼市财政局局长娄依兴领衔的一份议案，它是浙江最早提出有关权力清单的提案，意即给政府领导的权力范围设定边界，树立"有限政府"观念，引发了全省性的关于权力清单制度改革的实践。2012 年开始，三门县以行政权力规范化建设试点为契机，探索实施县域行政权力清单制度；2013 年 6 月，县人大常委会专题审议行政权力规范化、公开化工作并作出了进一步推动该项工作的决定。经过三年多的系统实践，三门依法厘清并公开了县级政府及部门、乡镇政府的权力清单及运行流程，确立了法定权力清单和重点监督权力清单，拓展形成了财政专项资金管理清单，建立了权力清单动态调整机制等相关配套制度，形成了具有三门实践特色的权力清单体系，取得了成效。为此，本书作者根据三门的实践经验，完成中国法学会 2015 年部级立项课题，写就《国家权力与公民权利的协调互动的"县域法治"模式构建——以三门权力清单改革为样本的分析》论文，引起法学界的高度重视。本书以案例形式将权力清单分解为行政许可权、行政确认权、行政处罚权、行政强制权、行政征收权、行政裁决权、行政给付权、其他行政权力等 9 大类进行解读，让读者全面了解行政权力的边界和值得注意并重视的问题。

目前，浙江省以"最多跑一次"改革为突破口，倒逼政府法治化的变轨提速，让"法治浙江"进入一个全新的时代，丰富和发展了习近平的法治思想。

# 一、行政许可权

行政许可权不仅是行政机关发放许可证的权力,同时也是由一系列相互衔接、综合发挥作用的权力构成的完整体系。许可权由核准权、拒绝权、中止权、变更权、吊销权等权力结合而成。

## 1. 路桥费征收引质疑　滥用行政许可是根源

**案例**：赖先生新买了一辆小排量汽车,车价只有7万多元,但他还得缴纳一项固定费用:路桥费2300元。如果不缴纳就不予机动车年审。因为当地行政主管部门许可并正式实施新的路桥通行费收费方式,由政府对主城区的收费道路、桥梁进行收购,统一收取路桥通行费。

当时,车主们开始质疑对路桥费继续征收的合法性:国家已经开征燃油税,所有的车辆既要支付燃油税,又要支付路桥费,就是重复交费。一些群众对路桥费常年征收但不公开收支详细信息不满。他们认为，路桥费的征收是一项取之于民、用之于民的地方性行政收费，按照权利与义务对等原则，有关部门每年应定时向全社会公布路桥费的收支情况。缴费人应当享有知情权！

## 2. 公安机关管理停车场 行政许可权起争议

**案例：** 某市十二届人大常委会第41次会议第二次审议《城市道路交通安全条例（草案）》［以下简称《交通安全条例（草案）》］时，有人大常委会组成人员提出，对停车场的管理，公安机关兼当裁判员和运动员不妥。《交通安全条例（草案）》规定，申请设立公共停车场和向社会开放的停车场应当持有关材料向市公安机关提出申请。省直有关部门提出，《国务院对确需保留行政审批项目设定行政许可的决定》仅保留了设立临时停车场由所在城市的公安机关负责审批的行政许可。《交通安全条例（草案）》的规定扩大了许可范围，与上位法有抵触。该市人大法制委员会认为，本市停车难矛盾日益突出，根据实际情况，并参照兄弟城市的有关法规，明确公安机关对设立公共停车场和向社会开放的停车场的行政许可权，与上位法有关规定及精神并无抵触。对此，人大常委会认为，现在停车场管理中心设在市交警支队，条例这样规定，公安机关既是"裁判员"又是"运动员"，显然不妥，建议修改。

【专家点评】*

行政许可权是指行政机关或者法律、法规授权的具有管理公共事务职能的组织,在法定职权或者法定授权范围内,以自己的名义实施行政许可的权力。行政机关普遍地禁止公民从事某一活动,但又根据需要和具体环境允许某个或某些公民从事该活动的制度,称为行政许可制度。现代公共管理制度中唯有其将强力控制与灵活适用相结合。正是由于这一特殊作用,受到了行政管理者的高度重视。当政府希望对更多的行业确定标准、对更多的职业资格确定条件时,行政许可制度便成为唯一有效的管理手段。

政府不能滥用行政许可权。《道路交通安全法》规定,机动车辆检验除法定条件外,任何单位不得附加其他条件。案例1中,当地行政主管部门对机动车不缴纳路桥费就不予以年检的规定,明显是滥用行政许可权力,是违法的。案例2中,公安机关负责审批的行政许可行为,既是"裁判员"又是"运动员",显然不妥,当地人大常委会予以否定并建议修改是正确的。

近年来,中央和各级政府都在不断深化行政体制改革,转变政府职能,把方便群众办事、优化发展环境作为一项首要任务来抓,以此来推动经济和社会的又好又快发展。在行政体制改革的探索和实践中,大家对相对集中行政许可权的做法达成了共识,纷纷建立行政(政务、审批)服务中心,推行"一站式"办公、"一条龙"服务等。2004年我国颁布实施了《行政许可法》,该法第25条规定:"经国务院批准,省、自治区、直辖市人民政府根据精简、统一、效能的原则,可以决定一个行政机关行使有关行政机关的行政

---

\* "权力清单"所涉案例点评专家:叶水荣,男,西南政法大学法律硕士,律师兼任大学教师,现任浙江泽鼎律师事务所执行主任。擅长民商事诉讼、仲裁、执行及行政复议、诉讼等案件的办理。系杭州市中小企业协会副会长、《每日商报》总法律顾问及法律栏目特邀评论员,担任杭州市下城区人民政府、华夏银行、南京银行等法律顾问。

许可权。"第 26 条规定:"行政许可需要行政机关内设的多个机构办理的,该行政机关应当确定一个机构统一受理行政许可申请,统一送达行政许可决定。行政许可依法由地方人民政府两个以上部门分别实施的,本级人民政府可以确定一个部门受理行政许可申请并转告有关部门分别提出意见后统一办理,或者组织有关部门联合办理、集中办理。"《行政许可法》对相对集中行政许可权的做法给予了肯定,为各地建立行政(政务、审批)服务中心相对集中行政许可权的做法提供了法律依据。据统计,目前,全国各类行政法律服务中心基本做到全覆盖。行政服务中心的成立及运行在各级政府转变职能、优化环境、公开公务等领域发挥了重要作用。

**【相关链接】**

●法律依据:《行政许可法》第 16 条规定:"行政法规可以在法律设定的行政许可事项范围内,对实施该行政许可作出具体规定。地方性法规可以在法律、行政法规设定的行政许可事项范围内,对实施该行政许可作出具体规定。规章可以在上位法设定的行政许可事项范围内,对实施该行政许可作出具体规定。法规、规章对实施上位法设定的行政许可的具体规定,不得增设行政许可;对行政许可条件作出的具体规定,不得增设违反上位法的其他条件。"第 17 条规定:"除本法第十四条、第十五条规定的外,其他规范性文件一律不得设定行政许可。"

●对行政许可权的法律控制:确定许可制度,为行政机关设定许可权等问题直接关系到公民、法人在国家行政管理活动中享有的权利和承担的义务。如何对行政许可权的设定及行使加以法律控制是一个必须解决的问题。行政许可权不仅是行政机关发放许可证的权力,而且它是由一系列相互衔接、综合发挥作用的权力构成的完整体系。许可权由以下几种权力结合而成:(1)核准权:行政机关对申请人的许可申请审查斟酌之后,认为符合条件的即予以批准,发放许可证。(2)拒绝权:行政机关对相对人的申请审查后,认为不符合许可条件或客观环境不允许的,应当驳回申请,拒绝发放许可证。(3) 中止权：这项权力是保证被许可人依法从事许可活动、履行法定义务的重要手段。许可证发放后，可能出现各种情况，如果许可机关认为被许可人的活动超越权限、服务水平下降、许可数量增多引起混乱等，可以暂时停止被许可人从事的经营许可的活动，限制其行为，这就是行政机关的中止许可权。中止权不同于吊销权，因而不属于被诉行为。(4) 变更权：许可机关根据相对人的请求或自身需要，对许可事项的具体内容加以更改的权力。变更的范围包括许可的条件、许可的范围、许可的具体内容、许可的期限等。例如，在经济过热时期，工商局核发的营业执照可能包含了范围较广的许可事项，一般公司可能有权从事汽车购销活动，及其他专控商品经营活动，但经济降温时期，行政机关可以变更核准的许可事项，以保证经济的协调发展。(5) 吊销权：行政机关因相对人违反法律规定而撤销其许可证件，不允许相对人继续从事某种活动的权力。如果相对人在许可证被吊销后继续从事某种许可事项，则构成违法。吊销权既是一种处罚形式，同时也是许可权的一种表现形式，并在行政许可制度中占有极其重要的地位。相对人对行政机关吊销许可证的行为不服，有权向法院提起诉讼。

● 行政机关吊销许可证，一般应严格依照法定程序，包括公告、听证、调查、提供救济等程序。

● 美国联邦最高法院在1959年的一个判例中这样评价：如果一个酒店主人允许在其店内进行赌博和酗酒，那么他就被认为不适于持有许可证，行政机关可以吊销之，但必须依正当程序条款进行。

# 二、行政确认权

行政确认权是行政机关依法对行政相对方的法律地位、法律关系和法律事实进行甄别，给予确定、认可、证明并予以宣告的权力。如政府对动产、不动产、经营权、知识产权的行政确认或对某企业产品质量认证等。行政许可与行政确认通常是同一行政行为的两个步骤，一般是确认在前，许可在后；确认是许可的前提，许可是确认的结果。

## 1. 房屋遗产待分割　行政确权要仔细

**案例**：王甲与王乙系同胞兄弟，另有6个姐妹。父母生前建有一间坐落于C县某镇两层木结构楼房，C县人民政府向王甲及王乙的父亲王某颁发了房屋所有权证。1995年，王甲及王乙的父母死亡。2000年3月29日，王乙向C县人民政府申请房屋所有权登记。C县人民政府经审核，于同日向王乙颁发了房屋所有权证。王甲认为自己作为儿子，对该房屋享有与王乙同等的继承权，县人民政府的发证行为等于将房屋归于王乙一人所有，属于审查不严，遂诉至法院。但聘请的律师告诉他，另外六个姐妹和他们兄弟两人一样也具有同等的继承权。

## 2. 车辆登记能否代替车辆所有权的确认

**案例**：2008年3月23日，A购买卡车一辆，并与B公司签订《车辆服务合同》，挂靠在B公司从事货运经营。双方约定：A享有该车辆所有权，每年向B公司支付服务费1800元，由B公司提供车辆审验服务，其他费用及车辆收益及风险均由A享有和承担。合同签订后A即控制、管理该车从事运营至今。现双方因车辆实际所有权归属发生争议，A认为虽然车辆登记在B公司名下，但自己为实际出资人，应为车辆所有权人，特向法院起诉请求确认挂靠协议有效，确认车辆归其所有。

【专家点评】

案例1中，根据《城市房地产管理法》有关规定，C县人民政府作为县级人民政府有权颁发房屋所有权证。C县人民政府对王乙的颁证行为已经改变了讼争房屋的所有权人，新证与旧证记载内容不完全一致，权利义务关系已发生变化，属于新的具体行政行为，具有可诉性。依据建设部《城市房屋权属登记管理办法》第10条的规定，房屋权属审核是C县人民政府应当遵循的法定程序，也是C县人民政府应当履行的法定义务。讼争房屋系父母生前所建，父母死亡后，该房屋应当通过合法途径确定其权利归属。C县人民政府在没有审查王某的子女对讼争房屋权属是否已自行处理妥当或是否已经由有关部门依法处理，也没有审查王某夫妻是否已死亡的情形下，仅凭王乙的申请，径行为王乙颁发了房屋所有权证，主要证据

晒晒权力 聊聊权利——公职人员法律风险防范指南

不足，依法应予撤销。至于该房屋，8个兄弟姐妹都有继承权。

案例2中，机动车登记的目的是为了行政管理，不是权属登记。《公安部关于确定机动车所有权人问题的复函》（公交管〔2000〕98号）明确："根据现行机动车登记法规和有关规定，公安机关办理的机动车登记，是准予或者不准予上道路行驶的登记，不是机动车所有权登记……公安机关登记的车主，不宜作为判别机动车所有权的依据。"可见，机动车登记仅是一种管理措施，不是物权登记，机动车登记的车主并不一定是所有权人，车辆所有权的确认应结合物权变动的情况综合认定。最高人民法院《关于执行案件中车辆登记单位与实际出资购买人不一致应如何处理问题的复函》亦明确，车辆登记名义人与实际出资人不一致时，应当依据公平、等价有偿原则，确定实际出资人为车辆所有权人。因此，本案中应认定A为车辆所有人。

【相关链接】

●法律依据：《城市房地产管理法》第61条第3款规定："房地产转让或者变更时，应当向县级以上地方人民政府房产管理部门申请房产变更登记，并凭变更后的房屋所有权证书向同级人民政府土地管理部门申请土地使用权变更登记，经同级人民政府土地管理部门核实，由同级人民政府更换或者更改土地使用权证书。"

●在2004年1月14日最高人民法院发布的最高人民法院《关于规范行政案件案由的通知》（以下简称《通知》）在"具体行政行为"种类中已经有了"行政确认"一词。该《通知》表明，行政确认不仅仅是一个学术词语，已经为有关国家机关所承认。然而，在真正的立法中还没有"行政确认"这一词，关于"行政确认"的具体规定散落在不同等级的规范性文件中，用词亦多种多样、极易与其他具体行政行为相混淆，因而在实践中频频产生某行为是行政确认行为还是他种具体行政行为的争议。

●按照行政确认对象的不同，可以分为对能力（或资格）、身份、事实、法律关系和权利归属的行政确认。

对能力或者行为的行政确认，是行政主体对行政相对方是否具有从事某种行为的能力或者资格的证明。例如，授予技术职称，对个体行医、导游、驾驶人员、饮食服务、建筑师、会计师等的能力、条件、资格的认可。

对身份的行政确认，是指行政主体对相对方在法律关系中的地位的确认。例如，颁发居民身份证、学历和学位证书、烈军属和优抚对象的证明等。

对事实的行政确认，是指行政主体对某项事实的性质、状态、真伪、等级、数量、质量、规格等的确认。例如，对违反治安、工商、税务、物价、环保等行政法律规范的具体违法行为性质的认定，对行为人非法所得的有无和数额大小的认定，对各种商品质量的检验认证、货物原产地的证明等，都是对事实的行政确认。

对法律关系的行政确认，是指行政主体对某项权利和义务关系是否存在或者是否合法有效的确认。如对合同的鉴定就是对法律关系的行政确认。

对权利归属的行政确认，是指行政主体对行政相对方享有某项民事权利的确认，也可称为行政确权。行政确权涉及的领域十分广泛，主要有以下几个方面：（1）不动产所有权的行政确权。是指行政机关对集体所有制单位的山林、水面、草原、土地、滩涂等自然资源的所有权和个人的设备、房屋、机器、林木等的所有权依法核发所有权证书的行政确认。（2）不动产使用权的行政确权。是指行政机关对公民、法人的山林、矿产资源、水流、草原、土地等国有自然资源的使用权依法颁发使用证的行为。（3）经营权的行政确权。是指行政机关对公民、组织取得的商业、建筑业等方面的生产经营权依法进行营业登记并核发营业执照的行为，等等。（4）知识产权的行政确权。是指商标管理机关、专利管理机关对公民、组织的商标专用权、专利权依法颁发商标专用证书、专利证书的行为，等等。

# 三、行政处罚权

行政处罚权是行政主管机关及法定授权组织对违反行政法律规范相对人的制裁权,具有剥夺限制相对人利益、在法定幅度内自由裁量、受法定行政机关和司法机关审查等特征。

## 1. 工商行使处罚权不当　当事人可以主张权利

**案例**：某县工商局接群众举报称,个体工商户马某涉嫌违法经营,该局即指派执法人员张某前往检查。经查,马某违法事实确凿,工商局拟依法对其作出吊销营业执照并罚款5000元的行政处罚。根据《行政处罚法》的规定,工商局在作出处罚决定前,书面告知马某有要求举行听证的权利。马某当即要求组织听证,工商局通知其次日下午到工商局机关参加听证。听证由本案调查人员张某主持，马某进行了申辩和质证，并在听证笔录上签字，同时马某按照工商局的要求缴纳了听证费200元。听证结束后，工商局对马某作出了吊销营业执照并罚款3000元的行政处罚，制作了行政处罚决定书，并于10日后送达给马某。上述工商部门行使处罚权的过程中有多种不当行为，当事人可以通过复议或诉讼的方式依法主张权利。

## 2. 没有权限却处罚　自己刻章自己盖

**案例**：个体工商户罗某是B市某粗纸厂业主。该厂环评批复产量为0.0018万吨/年，项目未经环保部门验收。2013年6月28日，B市人民政府办公室发布了B政办发〔2013〕89号《关于印发〈B市印染造纸制革化工等行业整治提升方案〉的通知》，其中附件2《市造纸行业整治提升方案》明确：2012年年底前完成全市造纸企业基本情况排查，按照"关停淘汰一批、整合入园一批、规范提升一批"的原则，对所有造纸行业进行梳理，明确淘汰关闭、搬迁入园、整治提升等整治要求，基本淘汰不符合国家产业政策和节能减排要求的落后企业。对2013年9月底前，列入淘汰关停范围的企业、生产线全部淘汰关停到位，对其他所有不符合整治标准的企业、生产线全面实施限期整改。对年产规模3万吨及以下的废纸造纸企业进行重组，允许重组企业通过市场化手段配置资源。根据B市实际情况，对年产规模3万吨及以下的废纸造纸企业重组后保留3家，搬迁进入工业功能区块，原厂址停止生产。

2013年9月16日，B市人民政府办公室下发《关于B市造纸行业整治提升工作的补充意见》的文件，明确废纸造纸企业以市场化手段对产能进行整合重组，重组后允许保留3家废纸造纸企业，每家企业年产能应不低于3万吨。重组对象为产能3万吨及以下的废纸造纸企业。重组资格为年产能在1万吨及以上，经国土资源和建设规划部门认定，现厂址符合土地利用规划和建设规划要求，符合环保部门重组产能审批要求。重组期限为2013年9月底前完成废纸造纸企业的整合重组，取得重组资格的企业应在规定期限内完成整治提升并通过验收，未取得重组资格的企业在2013年9月底关停。废纸造纸重组企业在造纸工业区块具备集聚条件时，应搬迁进入造纸工业功能区块。2013年9月29日，整治办超越权限给罗某的粗纸厂下发《关于要求某粗纸厂限期停产的通知》，责令罗某在2013年9月30日规定期限内停止造纸生产活动，整治上述行为存在一定问题。

**【专家点评】**

案例1中，工商局的行政行为存在多种问题。首先，接到举报前去调查的是张某一人，而不是两名执法人员。其次，工商局在作出决定之前，所告知的只是马某的权利，未告知作出行政处罚决定的事实、理由及依据。再次，就是当事人要求听证的，应当在行政机关或公安机关告知后3日内用书面形式提出，马某没有经过这一程序，工商局直接通知其参与听证。并且，行政机关或公安机关应当在举行听证会的7日前，通知当事人举行听证的时间、地点。本案的调查人员不得主持听证。对当事人在听证会上的申辩或质证，工商机关应认真进行复核后才能作出行政处罚。此外，工商局要求马某缴纳听证费200元是不合理的。《行政处罚法》中明确规定，当事人申请听证的，听证费用由行政机关承担。最后，行政处罚决定书应在7日内送达。

案例2中，责令罗某限期停产的《关于要求某粗纸厂限期停产的通知》，具有惩罚性质，属于行政处罚。根据《环境行政处罚办法》第14条的规定，县级以上环境保护主管部门是环境行政处罚的主体。因此，本案中的整治办作出《关于要求某粗纸厂限期停产的通知》系超越职权。此外，《关于要求某粗纸厂限期停产的通知》依据《B市印染造纸制革化工等行业整治提升方案》的要求，未援引相关的法律法规依据，系适用法律法规错误。根据《行政处罚法》第40条的规定，行政机关在作出行政处罚决定前，应当履行立案、调查、取证、事先告知等法定程序，但被告提供的证据并不能证明其已履行了作出处罚的法定程序,系程序违法。

【相关链接】

●法律依据:《行政处罚法》第37条第1款规定:"行政机关在调查或者进行检查时,执法人员不得少于两人。"第31条规定:"行政机关在作出行政处罚决定之前,应当告知当事人作出行政处罚决定的事实、理由及依据,并告知当事人依法享有的权利。"第40条规定:"行政处罚决定书应当在宣告后当场交付当事人;当事人不在场的,行政机关应当在七日内依照民事诉讼法的有关规定,将行政处罚决定书送达当事人"。第42条第1款规定:"行政机关作出责令停产停业、吊销许可证或者执照、较大数额罚款等行政处罚决定之前,应当告知当事人有要求举行听证的权利;当事人要求听证的,行政机关应当组织听证。当事人不承担行政机关组织听证的费用。听证依照以下程序组织:(一)当事人要求听证的,应当在行政机关告知后三日内提出;(二)行政机关应当在听证的七日前,通知当事人举行听证的时间、地点;(三)除涉及国家秘密、商业秘密或者个人隐私外,听证公开举行;(四)听证由行政机关指定的非本案调查人员主持;当事人认为主持人与本案有直接利害关系的,有权申请回避;(五)当事人可以亲自参加听证,也可以委托一至二人代理;(六)举行听证时,调查人员提出当事人违法的事实、证据和行政处罚建议;当事人进行申辩和质证;(七)听证应当制作笔录;笔录应当交当事人审核无误后签字或者盖章。"

《环境行政处罚办法》第14条第1款规定:"县级以上环境保护主管部门在法定职权范围内实施环境行政处罚。"

●根据《行政处罚法》的规定,行政处罚的种类包括:(一)警告;(二)罚款;(三)没收违法所得、没收非法财物;(四)责令停产停业;(五)暂扣或者吊销许可证、暂扣或者吊销执照;(六)行政拘留;(七)法律、行政法规规定的其他行政处罚。这就是中国行政处罚的"6+1"种类。所谓"6+1"的处罚种类,系指中国有6种处罚种类是直接由行政处罚法设定的,即警告、罚款、没收、责令停产停业、吊扣证照、行政拘留,但这6种处罚以外的种类,应当由法律和行政法规另行设定。

●行政处罚对公民、法人或者其他组织合法权益的保护,一方面体现在行政主体通过依法行使行政处罚权,打击各种行政违法行为,来保护公民、法人或者其他组织的合法权益;另一方面体现在行政主体正确行使行政处罚权,避免和纠正违法处罚行为的发生,来保护行政管理相对人的合法权益。这两个方面紧密联系、相辅相成。行政主体通过行使行政处罚权打击行政违法行为的目的是保护被行政违法行为所侵害的公共利益和社会秩序以及公民、法人或者其他组织的合法权益;但行政处罚权必须依法行使,否则,行政主体的违法处罚行为同样会侵害公民、法人或者其他组织的合法权益。因为,行政违法行为人也有自己的合法权益,行政主体一旦违法行使行政处罚权,就会侵害行政违法行为人的合法权益;甚至在不存在行政违法行为的情况下,行政主体滥用行政处罚权,则会侵犯无辜的行政管理相对人的合法权益。

●相对集中行政处罚权,是指依据《行政处罚法》的规定,将若干有关行政机关的行政处罚权集中起来,交由一个行政机关统一行使;行政处罚权相对集中后,有关行政机关不得再行使由一个行政机关统一行使的行政处罚权。

●相对集中行政处罚权,将若干法律、法规规定的与城市管理领域相关的行政处罚权集中到一个行政机关,不但有效地避免了制度层面存在的职责交叉弊病,而且解决了联合执法行为主体缺失、程序失范、责任不明的法律障碍。相对集中行政处罚权通过对部分行政处罚权的集中,使分散在多个部门的执法权得以在执法职能重新配置的基础上得到有序整合,同时在对其界定、划分、衔接、运用等方面努力形成新的科学体系与制度,执法人员得到精简,但执法力量得到科学的集中,行政执法效能得以提升。相对集中行政处罚权,既有利于社会公众对行政处罚行为的监督,也利于促进各级行政机关严格依法行政,对于培植全社会的法治意识、责任意识,推进法治政府建设起到积极的保障和促进作用。

●综合行政执法,是在相对集中行政处罚权基础上对执法工作的改革。党的十八届三中全会《关于全面深化改革若干重大问题的决定》和四中全会《关于全面推进依法治国若干重大问题的决定》都提出了综合行政执法改革的要求,将综合行政执法进一步区分为重点领域和跨部门综合行政执法两种类型。2015年4月,《关于开展综合行政执法体制改革试点工作的意见》(中央编办发〔2015〕15号),确定在全国22个省(自治区、直辖市)的138个城市开展综合行政执法体制改革试点。综合行政执法是随着相对集中行政处罚权制度的建立而提出的一个新概念,是我国在推动行政体制改革方面的一个创新。

# 四、行政强制权

行政强制权,是指行政机关为了预防或制止正在发生或可能发生的违法行为、危险状态以及不利后果,或者为了保全证据、确保案件查处工作的顺利进行,而对相对人的人身、财产予以强行强制的一种行政权力。

## 1. 强制执行要依法 程序合规是关键

**案例:** 张某是货运卡车司机,2011年5月31日运货经过某国道某检查站时,执勤人员王某和宋某(身着交通警察制服,出示证件)向张某走来,递给张某一张扣押决定书,说:"超载,车被扣了。"张某接过决定书,见上面印的全部内容是:因超载,根据有关规定,扣车40日。决定书印着某省市交警大队的印章。张某辩称:"我没有超载。"王某不耐烦地说:"肯定超,讲这么多干什么。"这时,王某有事走了,宋某叫来两个没有穿制服的人,叫张某把车开到路边的空地,并在车辆上加了一把锁。宋某对张某说"等下了处罚决定,我就开锁放车走"。王某和宋某的执法程序不符合相关法律法规的规定。

## 2. 没有资格也强制　委托执法不可行

**案例：** 王某未经批准，在公路建筑保护区范围内相继建起猪圈、厢房、门楼、院墙等违章建筑。某县路政管理大队根据该县交通局的〔2012〕45号文件对王某的违章建筑作出"限期拆除；到期不拆，路政大队强制执行"的处理决定。路政大队组织人员去该村落实、督促有关工作时，见王某并没有执行处罚决定，认为是消极抵抗决定的执行，便委托乡政府用铲车将违章建筑推倒。路政大队依据一纸文件并委托乡政府开展行政强制执行的行为是不合法的。

【专家点评】

案例1中，执法人员未听取张某的陈述和申辩，不符合《行政强制法》的规定；扣押决定书过于简单，内容不符合《行政强制法》的规定；扣押时间长达40天，超出法定期限；宋某在未报告并取得行政机关负责人批准的情况下就实施了强制措施，且独立执法，不向当事人出示执法证件，未制作现场笔录，这些都是明显违反程序的行为。

案例2中，路政大队对王某的违章建筑作出"限期拆除；到期不拆，路政大队强制执行"的处理决定依据不合法，因为县交通局的〔2012〕45号文件属于规范性文件，而规范性文件不能设定行政强制执行。路政大队也不能委托乡政府拆除王某的违章建筑，根据《行政强制法》的有关规定，行政强制不能委托执行。

【相关链接】

●**法律依据**：《行政强制法》第8条第1款规定："公民、法人或者其他组织对行政机关实施行政强制，享有陈述权、申辩权；有权依法申请行政复议或者提起行政诉讼；因行政机关违法实施行政强制受到损害的，有权依法要求赔偿。"第24条规定："行政机关决定实施查封、扣押的，应当履行本法第十八条规定的程序，制作并当场交付查封、扣押决定书和清单。查封、扣押决定书应当载明下列事项：（一）当事人的姓名或者名称、地址；（二）查封、扣押的理由、依据和期限；（三）查封、扣押场所、设施或者财物的名称、数量等；（四）申请行政复议或者提起行政诉讼的途径和期限；（五）行政机关的名称、印章和日期。查封、扣押清单一式二份，由当事人和行政机关分别保存。"第25条第1款规定："查封、扣押的期限不得超过三十日；情况复杂的，经行政机关负责人批准，可以延长，但是延长期限不得超过三十日。法律、行政法规另有规定的除外。"第18条规定："行政机关实施行政强制措施应当遵守下列规定：（一）实施前须向行政机关负责人报告并经批准；（二）由两名以上行政执法人员实施；（三）出示执法身份证件；（四）通知当事人到场；（五）当场告知当事人采取行政强制措施的理由、依据以及当事人依法享有的权利、救济途径；（六）听取当事人的陈述和申辩；（七）制作现场笔录；（八）现场笔录由当事人和行政执法人员签名或者盖章，当事人拒绝的，在笔录中予以注明；（九）当事人不到场的，邀请见证人到场，由见证人和行政执法人员在现场笔录上签名或者盖章；（十）法律、法规规定的其他程序。"第10条第4款规定:"法律、法规以外的其他规范性文件不得设定行政强制措施。"第17条第1款规定:"……行政强制措施权不得委托。"

●根据所针对的对象不同可将行政强制权分为对人身的强制权、对财产的强制权、对行为的强制权。

对人身的强制权,是指拥有行政强制权的行政主体基于一定的行政目的,对特定相对方采取的限制其人身自由,或对其人身采取检查、留置等强制权力的总称。根据《立法法》规定,对公民政治权利的剥夺、限制人身自由的强制措施和处罚,属于全国人民代表大会及其常务委员会的专属立法事项。这体现了最高权力机关对公民人身自由这一宪法性基本权利的高度重视,也意味着限制公民人身自由的强制权力的设定和行使只能由全国人大及其常委会以法律的形式进行规定,行政法规、地方性法规和行政规章都不能对此进行设定。除了限制人身自由的强制手段,对人身的强制权还包括对公民的人身采取的检查、留置盘问、传唤等手段,这些是行政管理不可缺少的手段,从现行立法看,大量的行政机关都拥有这方面的权力。

对财产的强制权,是指拥有行政强制权的行政主体基于一定的行政目的,对特定相对方的财产行使的所有强制权力的总称。这类强制权或者表现为影响相对方对其财产的使用权,如查封、扣押、冻结等;或者表现为对行政决定所确定的有关财产的义务的落实,如强制拆除、强制扣缴、划拨等;或者表现为科以相对方新的金钱给付义务,即执行罚,以促使相对方履行义务,如滞纳金等。由于财产可分为动产和不动产,因而对财产的强制也有对动产的强制和对不动产的强制之分。

对行为的强制权,是指拥有行政强制权的主体基于一定的行政目的,针对特定相对方的行为所行使的强制权的总称。对行为的强制权以行政相对方负有法定的作为或不作为义务为前提。如《兵役法》规定的强制服兵役这一强制手段,其前提就是相对方基于法律的一般规定和行政机关的具体行政决定负有服兵役的作为义务，即相对方的义务内容是作为性的行为义务。虽然强制服兵役行为的外在表现是对相对方人身的强制以实现行政管理目的，但它不同于强制拘留中的人身性义务，也区别于某些财产性义务，行使这类强制权的目的是促使其履行法定的作为或不作为义务。

# 五、行政征收权

行政征收权是指行政机关或者法定授权的组织根据法律、法规的规定，向公民、法人或者其他组织无偿收取一定财物的行政权力。行政征收须以公民、法人或者其他组织负有行政法上的缴纳义务为前提，其实质是国家以强制方式无偿取得管理相对人一定财产所有权。

## 1. 免费公开政府信息　保护公民知情权

**案例**：2013年8月，苏州市民范某到吴江某行政单位查询企业资料，被要求缴纳100元查询费。范某因复议不成，向法院提起行政诉讼，要求确认该单位收费行为违法。经法院确认，该单位向范某提供公司登记信息时收取100元费用的行为违法，损害了公民的知情权。

## 2. 政策优惠有前提　想走捷径不可取

**案例：**2008年9月10日,某市防空办公室向某房产公司送达《限期办理"结建"审批手续告知书》,告知其新建的经济适用住房"秋实第一城"住宅小区工程未按照《中华人民共和国人民防空法》第22条,《人民防空工程建设管理规定》第45条、第47条的规定同时修建战时可用于防空的地下室,要求房产公司9月14日前到市防空办办理"结建"手续,并提交相关资料。2009年6月18日,市防空办对房产公司作出人防征费字(001)号《某市防空办公室征收防空地下室易地建设费决定书》,决定对房产公司的"秋实第一城"项目征收"防空地下室易地建设费"172.46万元。房产公司对"秋实第一城"项目应建防空地下室5518平方米而未建无异议,但对缴纳相关费用有异议。该房产公司对相关法律法规的理解有偏差,忽视了政策优惠是有前提的。

**【专家点评】**

案例1中,该行政单位以企业资料查询费的形式向当事人收取费用是违反法律规定的。企业资料属于政府信息公开范畴,对此类公开信息,行政机关只能收取复制费,不应收取其他费用。

案例2中,国务院《关于解决城市低收入家庭住房困难的若干意见》第16条规定:"廉租住房和经济适用住房建设、棚户区改造、旧住宅区整治一律免收城市基础设施配套费等各种行政事业性收费和政府性基金。"建设部等七部委《经济适用住房管理办法》第8条规定:"经济适用住房建设项目免收城市基础设施配套费等各种行政事业性收费和政府性基金。"上述关于经济适用住房等保障性住房建设项目免收各种行政事业性收费的规定,虽然没有明确其调整对象,但从立法本意来看,其指向的对象应是合法建设行为。《人民防空法》第22条规定:"城市新建民用建筑,按照国家有关规定修建战时可用于防空的地下室。"《人民防空工程建设管理规定》第48条规定:"按照规定应修建防空地下室的民用建筑，因地质、地形等原因不宜修建的，或者规定应建面积小于民用建筑地面首层建筑面积的，经人民防空主管部门批准，可以不修建，但必须按照应修建防空地下室面积所需造价缴纳易地建设费，由人民防空主管部门就近易地修建……"即只有在法律法规规定不宜修建防空地下室的情况下，经济适用住房等保障性住房建设项目才可以不修建防空地下室，并适用免除缴纳防空地下室易地建设费的有关规定。免缴防空地下室易地建设费有关规定适用的对象不应包括违法建设行为，否则就会造成违法成本小于守法成本的情形，违反立法目的，不利于维护国防安全和人民群众的根本利益。该房产公司对依法应当修建的防空地下室没有修建，属于不履行法定义务的违法行为，不能适用免缴防空地下室易地建设费的有关优惠政策。

**【相关链接】**

●法律依据：《政府信息公开条例》第27条规定："行政机关依申请提供政府信息，除可以收取检索、复制、邮寄等成本费用外，不得收取其他费用。行政机关不得通过其他组织、个人以有偿服务的方式提供政府信息。行政机关收取检索、复制、邮寄等成本费用的标准由国务院价格主管部门会同国务院财政部门制定。"

《人民防空工程建设管理规定》第48条规定："按照规定应修建防空地下室的民用建筑，因地质、地形等原因不宜修建的，或者规定应建面积小于民用建筑地面首层建筑面积的，经人民防空主管部门批准，可以不修建，但必须按照应修建防空地下室面积所需造价缴纳易地建设费，由人民防空主管部门就近易地修建。"

●行政征收主要有以下几种：

1. 税收征收。是行政征收中最主要的方面。

2. 资源费征收。在我国，城市土地、矿藏、水流、山岭、草地、荒地、滩涂等自然资源属于国家所有。单位和个人在开采、使用国有资源时必须依法向国家缴纳资源费。如水资源费的征收、矿产资源补偿费的征收等。

3. 建设资金征收。这是为确保国家的重点建设，解决重点建设资金不足问题，面向公民、法人或其他组织实施的征收，如港口建设费的征收。

4. 排污费征收。

5. 滞纳金征收。

6. 其他法律、法规规定的征收内容。

● 行政征收具有三大特征：

1. 强制性。行政征收机关实施行政征收行为，实质上是履行国家赋予的征收权，这种权力具有强制他人服从的效力。因此，实施行政征收行为，不需要征得相对人的同意，甚至可以在违背相对人意志的情况下进行。征收的对象、数额及具体程序，完全由行政机关依法确定，无须与相对人协商一致。行政相对人必须服从行政征收命令，否则应承担一定的法律后果。

2. 无偿性。国家为了完成其职能，维护其统治，必须耗用一定的物质资财，而作为凌驾于社会生产之上的管理机构的国家行政机关，其本身并不直接从事生产、创造财富。因而，只有凭借国家行政权力，通过行政征收来取得所需物质资财。行政相对人的财产一经国家征收，其所有权就转移为国家所有，成为国家财产的一部分，由国家负责分配和使用，以保证国家财务开支的需要。行政征收必然是无偿的，是财产的单向流转，无须向被征收主体偿付报酬。

3. 法定性。行政征收直接指向的是行政相对人的经济利益，由于其强制性和无偿性，决定了其对相对人的权益始终具有侵害性。因此，为了确保行政相对人的合法权益不受违法行政征收行为的侵害，必须确立行政征收法定的原则。将行政征收的整个过程纳入法律调整的范围，使具体的行政行为受相对稳定的法律支配，使行政征收项目、行政征收金额、行政征收机关、行政征收相对人、行政征收程序都有法律上的明确依据，这是现代行政特别是侵益行政行为所必须遵循的原则。只要没有法律根据，任何擅自决定征收的行为，都是侵害相对人合法权益的侵权行为，都为国法所不容。

● 由于税和费的自身特性，决定了行政征收的交纳主体具有相当的广泛性。根据有关法律规定，国有企业、集体所有制企业、中外合资企业、外资企业和外国企业、行政机关和事业单位、个体工商户、专业户和一般公民个人，在符合一定条件时均可能成为缴纳主体。

● 行政征收主体与缴纳主体之间的关系是管理与被管理的关系。在具体的征收活动中，征收主体总是以管理者的身份出现的，而缴纳主体始终处于被管理者的地位。缴纳主体作为被管理者，并不意味着在行政征收过程中完全处于被动的地位，而是有权依法向征收主体主张自己的权利。

# 六、行政裁决权

行政裁决权是指国家行政机关依据法律、法规的授权，以居间裁决者的身份，对特定范围内与裁决机关行政管理职权密切相关的民事纠纷依法作出处理的行政权力。

## 1. 拆迁补偿说不清　政府帮忙来裁决

**案例：** 甲集团公司经 A 市人民政府的批准，在该市的繁华地段建商业大厦，为此住在这一地段的 40 户居民要拆迁。甲集团公司取得该市房屋拆迁主管部门的许可后，分别与 40 户居民就拆迁补偿形式和补偿金额、安置用房面积和安置地点、搬迁过渡方式和过渡期限等问题进行协商并与 26 户居民签订协议，另外的 14 户居民就拆迁补偿金额有分歧而未能达成协议。就此甲集团公司与这 14

户居民向批准拆迁的房屋拆迁主管部门申请裁决。A市房屋拆迁主管部门根据国务院《城市房屋拆迁管理条例》① 关于"拆迁人与被拆迁人对补偿形式和补偿金额、安置用房面积和安置地点、搬迁过渡方式和过渡期限,经协商达不成协议的,由批准拆迁的房屋拆迁主管部门裁决"的规定,裁决甲集团公司一次性补偿拆迁费的数额。

## 2. 注册商标冲突　先行裁决再起诉

**案例:**原告某糖果厂诉被告某食品厂商标侵权一案中,原告在某固体饮料上注册了"乐"字牌商标,后被告在"果子晶、果子粉、乳酸饮料"等商品上注册了"桑"字牌商标。两商标相近似。原告糖果厂向法院提起诉讼认为,被告食品厂在类似商品上使用与其商标相近似的商标,构成商标侵权。法院告知原告应先行经行政撤销程序,并判决驳回原告诉讼请求。法院的理由是,原告"乐"字牌商标与被告"桑"字牌商标均获商标注册,应由当事人首先提请行政裁决部门解决商标权利冲突问题,然后再向法院请求处理侵权纠纷。在现行法律框架下,法院不直接受理的案件范围主要是注册商标之间的冲突,此类案件适用行政前置程序,当事人应当首先向行政主管机关申请解决。

**【专家点评】**

案例1中,A市房屋拆迁主管部门的行为属于行政裁决行为。该案中,甲集团公司与14户居民因房屋拆迁补偿协议的纠纷属于民事主体之间的民事纠纷,依照法律规定,这一纠纷可以由行

---

① 此处是指1991年6月1日实施的《城市房屋拆迁管理条例》,后被2001年11月1日实施的《城市房屋拆迁管理条例》所废止,后又被2011年1月21日实施的《国有土地上房屋征收与补偿条例》所废止。下同——编者注。

政机关裁决,它符合行政裁决的主要特征,属于行政裁决行为。若甲集团公司对行政裁决不服,可就 A 市房屋拆迁主管部门的行政裁决行为向人民法院提起行政诉讼,由人民法院对行政机关的补偿决定的合法性加以审查并作出裁判,且可一并要求人民法院解决双方当事人之间就拆迁补偿问题的民事纠纷。

案例 2 中,首先,依据最高人民法院《关于审理注册商标、企业名称与在先权利冲突的民事纠纷案件若干问题的规定》规定,原告以他人使用在核定商品上的注册商标与其在先的注册商标相同或者近似为由提起诉讼的,人民法院应当根据《民事诉讼法》① 第 111 条第(三)项的规定,告知原告向有关行政主管机关申请解决。这样的规定第一个考虑到的是商标注册采取全国统一集中授权制度,采取行政前置程序是为了维护此种集中授权体系。其次,发生冲突后,现行《商标法》设置了较为完善的法律救济程序和途径,规定了注册商标不当的撤销程序。在先权利人如认为注册不当,可到商标评审委员会申请撤销在后商标,然后再到法院请求民事救济。最后,注册商标之间的冲突属于商标行政裁决机构专业范围,商标评审委员会有丰富的经验和扎实的专业知识对此类冲突进行处理。

**【相关链接】**

● 法律依据:《城市房屋拆迁管理条例》第 14 条规定:"拆迁人与被拆迁人对补偿形式和补偿金额、安置用房面积和安置地点、搬迁过渡方式和过渡期限,经协商达不成协议的,由批准拆迁的房屋拆迁主管部门裁决。被拆迁人是批准拆迁的房屋拆迁主管部门的,由同级人民政府裁决。"

《商标法》第 60 条规定:"有本法第 57 条所列侵犯注册商标

---

① 此处是指 2007 年 10 月 28 日颁布的《民事诉讼法》,已根据 2012 年 8 月 31 日第十一届全国人民代表大会常务委员会第二十八次会议《关于修改〈中华人民共和国民事诉讼法〉的决定》修正。——编者注。

专用权行为之一，引起纠纷的，由当事人协商解决；不愿协商或者协商不成的，商标注册人或者利害关系人可以向人民法院起诉，也可以请求工商行政管理部门处理。"

●行政裁决是一种依申请而进行的居间裁判。与行政执法活动相比，行政裁决更重视公正的价值取向，而相较于司法活动，行政裁决又拥有绝对的效率优势，更加切合现代社会管理的需要。目前我国的行政裁决主要有权属纠纷裁决、侵权纠纷裁决、损害赔偿纠纷裁决等几类，相关规定散见于法律、法规、部门规章中，尚未形成统一的制度体系。

●2014年10月，党的十八届四中全会作出的《关于全面推进依法治国若干重大问题的决定》提出，要"健全行政裁决制度，强化行政机关解决同行政管理活动密切相关的民事纠纷功能"。这是健全我国社会矛盾预防化解机制的一项重要决策，对于新形势下化解民间纠纷、维护社会和谐稳定具有重要的指导意义。2015年2月，最高人民法院发布《关于全面深化人民法院改革的意见——人民法院第四个五年改革纲要（2014—2018）》。该文件指出，要"健全多元化纠纷解决机制。继续推进调解、仲裁、行政裁决、行政复议等纠纷解决机制与诉讼的有机衔接、相互协调，引导当事人选择适当的纠纷解决方式，推动在征地拆迁、环境保护、劳动保障、医疗卫生、交通事故、物业管理、保险纠纷等领域加强行业性、专业性纠纷解决组织建设，推动仲裁制度和行政裁决制度的完善"。在此背景下，行政裁决的制度价值已经逐渐得到关注与重视。

●行政裁决的特征有以下几个方面：

1. 行政裁决的主体是法律法规授权的行政机关。行政裁决是经法律法规授权的特定行政机关，而不是司法机关，但是并非任何一个行政机关都可以成为行政裁决的主体，只有那些对特定行政管理事项有管理职权的行政机关，经法律法规明确授权，才能对其管理职权有关的民事纠纷进行裁决，成为行政裁决的主体。如《商标法》《专利法》等对侵权赔偿争议和权属争议作出规定，授权有关行政机关对这些争议予以裁决。

2. 行政裁决的民事纠纷与行政管理有关。当事人之间发生了与行政管理活动密切相关的民事纠纷,是行政裁决的前提。随着社会经济的发展和政府职能的扩大,行政机关获得了对民事纠纷的裁决权。但行政机关参与民事纠纷的裁决并非涉及所有民事领域,只有在民事纠纷与行政管理密切相关的情况下,行政机关才对该民事纠纷进行裁决,以实现行政管理的目的。

3. 行政裁决是依申请的行政行为。争议双方当事人在争议发生后,可以依据法律法规的规定,在法定的期限内向特定的行政机关申请裁决。没有当事人的申请行为,行政机关不能自行启动裁决程序。

4. 行政裁决具有准司法性。行政裁决是行政机关行使裁决权的活动,具有法律效力。行政机关在实施行政裁决时,是以第三者的身份居间裁决民事纠纷,有司法性质,同时又以行政机关的身份裁决争议,具有行政性质。因此,行政裁决具有司法性和行政性,称为准司法性。

5. 行政裁决是一种具体行政行为。行政机关依照法律法规的授权针对特定的民事纠纷进行裁决,是对已经发生的民事纠纷依职权作出的法律结论。这种行政裁决具有具体行政行为的基本特征。行政相对人不服行政裁决而引起的纠纷属于行政纠纷。对此,除属于法定终局裁决的情形外,当事人可依法申请行政复议或提起行政诉讼。

● 根据我国目前法律、法规的规定,行政裁决的种类有以下几种:

1. 侵权纠纷的裁决。侵权纠纷是由于一方当事人的合法权益受到他方侵犯而产生的纠纷。平等主体一方当事人涉及行政管理的合法权益受到他方侵害时,当事人可以依法申请行政机关进行制止和决定赔偿,行政机关就此争议作出裁决。法律明文规定行政主体在对违法行为作出处理的同时,对违法行为人的侵权行为造成他人的损害可依法作出强制性赔偿裁决。如《水污染防治法》第86条规定:"因水污染引起的损害赔偿责任和赔偿金额的纠纷,可以根据当事人的请求，由环境保护主管部门或者海事管理机构、渔业主管部门按照职责分工调解处理；调解不成的，当事人可以向人民法院提起诉讼。当事人也可以直接向人民法院提起诉讼。"

2. 补偿纠纷的裁决。补偿，在现代汉语中的解释是"抵消损失、消耗，补足缺失、差额"，在法学词语中，是指对财产侵害行为造成损失的补偿，着眼于被剥夺的财物，予以公平弥补。如前述案例中提到的《城市房屋拆迁管理条例》第14条的规定。涉及补偿的还有草原、水面、滩涂、土地征用的补偿等。

3. 损害赔偿纠纷裁决。损害赔偿纠纷是一方当事人的权益受到侵害后，要求侵害者给予损害赔偿所引起的纠纷。这种纠纷通常存在于食品卫生、药品管理、环境保护、医疗卫生、产品质量、社会福利等方面。产生损害纠纷时，权益受到损害者可以依法要求有关行政机关作出裁决，确认赔偿责任和赔偿金额，使其受到侵害的权益得到恢复或赔偿。

4. 权属纠纷的裁决。权属纠纷，是指双方当事人因某一财产的所有权或使用权的归属产生争议，包括土地、草原、水流、滩涂、矿产等自然资源的权属争议，双方当事人可依法向行政机关请求确认，并作出裁决。如《土地管理法》第16条规定："土地所有权和使用权争议，由当事人协商解决；协商不成的，由人民政府处理。单位之间的争议，由县级以上人民政府处理；个人之间、个人与单位之间的争议，由乡级人民政府或者县级以上人民政府处理。当事人对有关人民政府的处理决定不服的，可以自接到处理决定通知之日起三十日内，向人民法院起诉。"人民政府对土地权属争议所作的处理，就是行政裁决。

5. 国有资产产权裁决。如《国有资产产权界定和产权纠纷处理暂行办法》第29条规定："全民所有制单位之间因对国有资产的经营权、使用权等发生争议而产生的纠纷，应在维护国有资产权益的前提下，由当事人协商解决。协商不能解决的，应向同级或共同上一级国有资产管理部门申请调解和裁定，必要时报有权管辖的人民政府裁定，国务院拥有最终裁定权。"

6. 专利强制许可使用费裁决。如《专利法》第57条规定："取得实施强制许可的单位或者个人应当付给专利权人合理的使用费，或者依照中华人民共和国参加的有关国际条约的规定处理使用费问题。付给使用费的，其数额由双方协商；双方不能达成协议的，由国务院专利行政部门裁决。"

7. 劳动工资、经济补偿裁决。所谓劳动工资、经济补偿纠纷，是指因用人单位克扣或者无故拖欠劳动者工资、拒不支付劳动者延长工作时间工资报酬、低于当地最低工资标准支付劳动者工资，或者解除劳动合同后未依法给予劳动者经济补偿而发生的纠纷。如《劳动合同法》第85条规定："用人单位有下列情形之一的，由劳动行政部门责令限期支付劳动报酬、加班费或者经济补偿；劳动报酬低于当地最低工资标准的，应当支付其差额部分；逾期不支付的，责令用人单位按应付金额百分之五十以上百分之一百以下的标准向劳动者加付赔偿金：（一）未按照劳动合同的约定或者国家规定及时足额支付劳动者劳动报酬的；（二）低于当地最低工资标准支付劳动者工资的；（三）安排加班不支付加班费的；（四）解除或者终止劳动合同，未依照本法规定向劳动者支付经济补偿的。"

8. 民间纠纷的裁决。如国务院颁布的《民间纠纷处理办法》规定，基层人民政府可以依法裁决民间纠纷。基层人民政府对民间纠纷作出处理决定应当制作处理决定书，并经基层人民政府负责人审定、司法助理员署名后加盖基层人民政府印章。基层人民政府作出的处理决定，当事人必须执行。如有异议的，可以在处理决定作出后，就原纠纷向人民法院起诉。超过15日不起诉又不执行的，基层人民政府根据当事人一方的申请，可以在其职权范围内，采取必要的措施予以执行。

# 七、行政给付权

行政给付是行政机关在特定情况下，依法向符合条件的申请人提供物质利益或赋予其与物质利益有关的权益的行为。如发放抚恤金、生活补助费、安置费和救济等。

## 1. 建设经济适用房　保障低收入群体

**案例**：某市一个经济适用房社区的第六期楼盘开始放号，12小时内，5000个房号发放一空，结局则是有人欢喜有人愁：闻讯赶到的后来者被挡在了门外；而排队的人也不是个个如愿以偿。"买房子简直就像抢购大白菜！"一位购房者事后感慨。有人为此甚至两宿未合眼，最后却没有领到房号（只有拿到房号才有购房资格）。更多的普通市民针对经济适用房只售予困难群体表示不满。对此,该市日报刊登文章,向广大市民讲解经济适用房的有关法规、政策,特别是经济适用房的保障对象是低收入群体,而被纳入低收入群体是要符合一定标准的。

## 2. 下班路上受工伤　工伤保险来帮忙

**案例:**宁某原系A县某公司职工,于2005年6月1日参加了工伤保险。2006年3月14日晚,宁某在下班回家途中发生交通事故受伤。2007年1月26日,宁某获得肇事车主128203.52元赔偿款。2007年10月12日,A县人力资源和社会保障局认定宁某的受伤为工伤。2007年12月6日,劳动鉴定委员会鉴定宁某为一级伤残。2008年4月,宁某向A县社会保险事业管理中心申请一次性工伤保险待遇。A县社会保险事业管理中心于2008年4月14日按照总额补差的办法,核定医药费13616.86元,一次性享受工伤保险待遇218553.5元。宁某不服,宁某经行政复议无果后,提起诉讼。法院认为总额补差的算法有误,判决A县社会保险事业管理中心重新核定宁某的工伤保险待遇数额。

**【专家点评】**

案例1中,经济适用房属于社会福利范畴,也是一种行政给付。而行政给付只针对特定的对象,经济适用房的特定对象就是住房困难的城市低收入群体。

案例2中,宁某在交通事故人身损害赔偿中,已获得肇事车主的赔偿,由于医药费是补偿性质的,不能重复计算,故A县社会保险事业管理中心核定后支付给宁某13616.86元医疗费,合法有据。因第三人侵权赔偿与工伤赔偿保险机制目前在法律上是并行不悖的,一个属于私权范畴,一个属于公权范畴,二者不能混用,也不能相互替代。因此,A县社会保险事业管理中心应重新核定宁某一次性享受工伤保险待遇的数额。

【相关链接】

● 法律依据：《经济适用住房管理办法》第2条规定："本办法所称经济适用住房，是指政府提供政策优惠，限定套型面积和销售价格，按照合理标准建设，面向城市低收入住房困难家庭供应，具有保障性质的政策性住房。本办法所称城市低收入住房困难家庭，是指城市和县人民政府所在地镇的范围内，家庭收入、住房状况等符合市、县人民政府规定条件的家庭。"

● 我国在古代就已存在给付行政的理念，如《尚书》中写道："德惟善政，政在养民。"只是那时的理念是为了缓解阶级矛盾、维护统治者的地位，给付仅是对人民的施舍，还不具有现代行政法中给付行政的内涵。在西方国家，基督教的慈善与博爱主要就是通过济贫来体现的。在资本主义革命后，人权思想得以推广，随后便演变为政府的一种责任。英国于1601年制定的《济贫法》开创了世界上行政给付立法的先河。近代福利制度的确立充分体现了近代的民权思想，使国家的行政给付责任有了明确的法律基础。

● 行政给付的特征：

1. 行政给付以行政相对人的申请为条件。也就是说，行政相对人要获得相关的物质帮助，必须事先向有权实施一定给付行为的行政机关提出申请。即使是在自然灾难等特殊条件之下的行政给付行为，一般也需要行政相对人在领取救济物资时办理一定的手续，这些手续可以视为一种补办的行政给付申请。

2. 行政给付是一种行政行为。行政给付的主体一般是行政机关，但是也包括法律、法规授权的社会组织。在很多国家和地区，行政给付的方式逐步趋向多样化。在许多领域内，行政给付并不是由行政机关直接实施，而是由行政机关拨出专门的款项，支持某些社会福利组织或社会公益事业单位来实施。只要这种给付行为有特定的法律依据，它就仍然属于一种行政行为。

3. 行政给付的内容是赋予行政相对人一定的物质帮助权益。行政给付的内容是行政机关给予行政相对人一定的物质利益，这种物质利益表现为一定的金钱、物品等实物。实际上，行政给付作为一种行政行为，它的内容主要是赋予行政相对人一定的物质帮助权益。至于行政主体所为的给予行政相对人一定实物的行为，只是对该行政给付行为的执行行为，在性质上属于行政事实行为。

4. 行政给付的对象是处于某种特殊状态之下的行政相对人。究竟何种特殊状态之下的行政相对人可以成为行政给付行为的对象，必须由规范性法律文件作出明确的规定。因为行政给付的基础是国家的财税收入，国家机关的一切财政收支必须依法进行，而不得随意支配。一般而言，行政给付的对象是因为某种原因而生活陷入困境的公民与对国家、社会曾经作出过特殊贡献的公民，如灾民、残疾人、鳏寡孤独的老人与儿童，革命军人及其家属、革命烈士家属等。

● 根据我国有关行政给付的法律、法规，我国的行政给付形式主要包括以下几类：

1. 抚恤金。抚恤金的发放对象主要是烈士和因公殉职、负伤、病故、残废的军人、警察或者其家属，其主要形式又包括革命军人牺牲病故抚恤金、革命残疾军人抚恤金、护理费、治疗费等。

2. 生活补助费。生活补助费的发放对象主要是烈军属、复员退伍军人，以及因工伤事故致残的公民，其主要形式包括复员退伍军人与烈军属定期定量生活补助费、临时补助费、因公伤残补助费等。

3. 安置。安置的形式主要有发放安置费与提供一定的住所等。安置费的发放对象主要是复员、转业、退伍军人，如复员军人建房补助费。

4. 救济。救济的形式包括发放救济金与发放救济物资等，其对象主要是因为某种情况而生活陷入困境的公民，如农村的"五保"户、贫困户，城镇的贫困户，发生自然灾难的地区的灾民等。

5. 优待。优待的对象是生活上处于某种困境的公民或者法律、法规规定应该予以优待的特定社会成员，如贫困学生、独生子女等。对于上述优待对象，行政主体可以根据相关的法律、法规减免其学费，或者提供其他的优待措施。

6. 社会福利。社会福利的对象既包括一般的公民，又包括某些特殊身份的社会成员，其基本方式是举办社会福利事业或者发放社会福利金。社会福利事业一般由政府采取资金扶助及政策优惠的方式扶植某些社会福利机构的发展，如社会福利院、儿童福利院、敬老院，以及安置机构、社会残疾人团体、福利生产单位与科研机构（如假肢科研机构与生产企业）等。

# 八、行政奖励权

行政奖励，是指行政主体为了达到其行政目的或施政意图，根据法律等规范性文件的规定，依照法定的授奖程序，对做了相关行为的行政相对人给予物质、精神或者权能奖励的授益性的、非强制性的具体行政行为。

## 1. 价格举报　人人有责

**案例：** 消费者 A 在杭州某超市购买康师傅酸菜牛肉桶面时，发现产品标价签标示规格 122 克，产品外包装标示规格 121 克，遂向价格监管部门举报。当地价格监管部门认为"商品标价签标示规格与商品外包装标示规格不符，属于不按规定的内容和方式明码标价的价格违法行为"，故依法对该超市处以 3000 元的罚款。A 要求获得举报奖励，得到了价格监管部门的支持。

## 2. 爱心公益助社会 个人隐私要保护

**案例**：企业家 B 心系社会，每年向当地慈善事业捐赠大量款物。当地政府为感谢 B 的贡献，拟在一年一度的表彰大会上公开向 B 授予奖状，并邀其作为典型发言。B 向来为人低调，想拒绝该奖，但政府工作人员告诉他，发言可以免，但荣誉必须接受。工作人员的理解是错误的，因为任何人都享有隐私保护权。

【专家点评】

案例 1 中，A 的要求是合理的。任何单位和个人均有权对价格违法行为进行举报。政府价格主管部门应当对举报者给予鼓励，并负责为举报者保密。

案例 2 中，政府工作人员的话是错误的。行政奖励是典型的非强制性行政行为，不能强迫受奖人接受奖励。

【相关链接】

●法律依据：《价格法》第 38 条第 2 款规定："任何单位和个人均有权对价格违法行为进行举报。政府价格主管部门应当对举报者给予鼓励,并负责为举报者保密。"

《价格违法行为举报处理规定》第16条规定:"价格主管部门应当为举报人保密,并对符合相关规定的举报人给予鼓励。"

《公益事业捐赠法》第8条第3款规定:"对公益事业捐赠有突出贡献的自然人、法人或者其他组织,由人民政府或者有关部门予以表彰。对捐赠人进行公开表彰,应当事先征求捐赠人的意见。"

● 根据行政奖励的内容可分为物质奖励、精神奖励、权能奖励。

物质奖励是指一定的奖金、奖品或者其他实物形式作为奖励手段,满足行政相对人的物质利益需要。物质奖励是行政奖励的普遍形式。世界上其他国家大多采用这一方式,而在物质奖励当中,奖金又是其基本形式。

精神奖励,是指授予荣誉称号等具有一定象征意义的符号,或对行政相对人的价值观念、行为方式等作为奖励的手段,旨在满足行政相对人的精神需要。例如,我国对运动员的精神奖励,是优秀运动员各种奖励活动的出发点和归宿点,是各种奖励的原则主线。

权能奖励是赋予行政相对人享有从事某种活动或获得一定权利的资格,常运用于文化、教育等社会领域,例如在升学、就业等方面予以优先考虑等。如某省为鼓励大学生到艰苦地区工作,出台了下列优惠政策:凡主动到基层、农村、偏远山区工作的毕业生,财政部门将给予财政支持,"支边"两年及以上者报考研究生,将优先予以推荐和录取;在艰苦地区工作过的毕业生若报考机关公务员和应聘国有企事业单位的,在同等条件下,优先录用。

● 我国的行政奖励制度历史悠久,早在春秋战国时期,当时的思想家们就发表了他们对于行政奖励的观点,对行政奖励这一行为的重要性给予了肯定性的回答。墨子有云:"善人赏而暴人罚,则国必治。"统治者们也充分意识到"奖励"对于维护自身统治的重要作用,大力推行行政奖励。秦朝的《厩苑律》《牛羊课》以及唐朝的《厩库律》就针对牛马的饲养作了考核评比方面的规定,在农历新年由政府对牛马的饲养状况进行相应考核,优秀者就可以赢得奖励。清朝的时候,政府为了发展工商业,颁布了《奖励公司章程》等。在民国初年,南京政府也出台了一批有奖励向导性的法律法规,如《公海渔业奖励条例》等。

● 作为非强制性行政行为的典型代表之一,在世界范围内,行政奖励已经被多数国家广泛适用于社会生活的各个角落,在国家的治理中发挥着独有的激励和引导作用。其与政府的施政目的紧密联系决定了其在政治经济生活中的重要地位,可见行政奖励作为一个风向标,在一定程度上可以体现一个国家的综合实力。越来越多的国家意识到其重要作用,纷纷立法,最普遍的行政奖励方面的立法当属科技和税收领域。

● 为了促进社会各个领域的发展,西方国家通过立法的方式分门别类地设置了诸多行政奖励法律法规。比如,美国从20世纪50年代末至90年代末相继设立国家总统科学奖、国家总统技术奖,用来奖励在科学与技术领域做出卓越贡献的科学家及学者;设立费米总统奖,以此来表彰那些在金属与能源科学方面做出重大成绩的科学家和工程师们;设立国家质量奖,以此来促进激励产品质量的改善及推动企业经营方法的改革;设立绿色化学奖,奖励在化学工业中取得重大成果的团体及个人;设立总统杰出青年奖,鼓励广大青年科学家从事科学研究工作。

● 新中国成立以后,颁布了许多有关行政奖励的法律法规,从法律上确认了行政奖励在国家治理实践中的地位。我国现行《宪法》第20条规定:"国家发展自然科学和社会科学事业,普及科学和技术知识,奖励科学研究成果和技术发明创造。"第42条第3款规定:"国家提倡社会主义劳动竞赛,奖励劳动模范和先进工作者。"当前除《宪法》外,我国还有多部法律规定了行政奖励,如《民族区域自治法》《公务员法》《科技进步法》《产品质量法》《海关法》《劳动法》《税收征收管理法》《土地管理法》《环境保护法》《教师法》《文物保护法》《行政监察法》等。

● 由于各种原因,一些领域的行政奖励一直未纳入法律规范内,致使许多应受到鼓励和奖赏的行为得不到应有的奖励。以见义勇为为例，行政相对人实施救助属于见义勇为，有利于树立良好的社会道德风尚，理应被授以奖励，但目前我国尚没有制定一部统一的见义勇为法律规范。这种立法上的缺位，使许多见义勇为者的权利得不到法律的保护。

# 九、其他行政权力

其他行政权力是指除上述行政权力以外的其他权力，如行政征用、调解、验收、备案等。

## 1. 警察征用有前提　出示证件为公务

**案例：** 4名警察到武夷山游玩，游玩期间1名警察受伤，因伤势严重需要立即送往医院，其他3名警察在路边拦车，因其身穿便衣以及景区客车人员满载许久拦不到车，于是1名警察拦下车辆并出示了警察证对司机说："我们是警察，正在执行公务，需要征用你的车辆。"征用车辆后，由于开车太过心急发生车祸，车辆损坏。车辆作为司机的私有财产，即使警察因执行公务而征用，也应对造成的损失予以赔偿。

## 2. 防汛任务最紧急　人民安全放第一

**案例**：某地有一河堤汛期突然出现险情，急需挖掘机与翻斗机，防汛指挥部即对附近的1台挖掘机和1台翻斗机下达了征调令。机主拒绝被征用，但其机器被防汛指挥部的工作人员强行征用。工作人员对机主进行批评教育，告知他公共利益大于个人利益，若造成机器损坏，会予以相应的补偿。

【专家点评】

因侦查犯罪的需要，警察经出示相关证件，可以征用私人交通工具，事后应予以适当补偿，造成被征用人损失的，应予以赔偿。案例1中，四名警察并未处于履行职责期间，因此无权征用私人车辆。对于同伴受伤，可以普通公民身份求助，造成私人车辆损坏的，应予以赔偿。案例2中，防汛指挥部的征用措施是合法的，但事后若未及时归还，应适当补偿机主。

【相关链接】

●法律依据:《人民警察法》第13条规定:"公安机关的人民警察因履行职责的紧急需要,经出示相应证件,可以优先乘坐公共交通工具,遇交通阻碍时,优先通行。公安机关因侦查犯罪的需要,必要时,按照国家有关规定,可以优先使用机关、团体、企业事业组织和个人的交通工具、通信工具、场地和建筑物,用后应当及时归还,并支付适当费用;造成损失的,应当赔偿。"

《防汛条例》第32条第1款规定:"在紧急防汛期,为了防汛抢险需要,防汛指挥部有权在其管辖范围内,调用物资、设备、交通运输工具和人力,事后应当及时归还或者给予适当补偿。因抢险需要取土占地、砍伐林木、清除阻水障碍物的,任何单位和个人不得阻拦。"

●行政征用权是行政主体为了公共利益的需要,在给予公平补偿的条件下,依照法定程序强制取得行政相对人财产权利的一种行政权力。

行政征收是指行政主体依法强制无偿取得行政相对人财产所有权的具体行政行为。主要有行政征税和行政收费两种情况。

行政征用与行政征收都是因公益而以强制方式获取行政相对人的财产权利,但二者的区别也很明显,表现为:(1)行政征收取得行政相对人财产权是无偿的;但行政征用取得行政相对人的财产权利是有偿的,即必须进行补偿。(2)行政征收具有普遍性,针对的行政相对人范围广、不特定,且行政相对人本身即有缴纳税费的法定义务;行政征用的行政相对人特定、范围局限,本身无缴纳义务,只是因为公共利益的需要而被迫做出特别牺牲。(3)行政征收具有反复持久性,是经常固定的行政行为;行政征用是非固定的行政行为,常常是一次性完成。(4)行政征收的内容一般限于行政相对人的财产权益;而行政征用的内容既包括行政相对人的财产权益,也包括行政相对人提供劳务或行为上的作用。由于立法的落后,我国法律体系中对于"征收"和"征用"两个词语大量存在混用的情况，在土地管理相关法律法规中尤为突出。

●行政征用主体包括：

1. 征用者。行政征用权是国家权力，由代表国家的行政机关行使，必要时也可由法律授权或行政机关委托的组织或个人行使。如土地征用中的国务院、省级人民政府；抗洪抢险中的防汛指挥机构、抗震救灾指挥部；执行紧急任务的人民警察、国家安全机关工作人员；等等。

2. 被征用者。具体包括：（1）被征用财产的所有者，如土地被征用的农村集体经济组织，交通工具、通讯工具被征用的个人或组织等；（2）关系人，即对被征用财产享有从属权利者，如被征用物的持有人、使用人、租赁者、抵押权人等。

●行政征用客体：基于行政征用是一种对财产权的侵害行为，因此，一切具有财产价值的物及权利，都可以成为行政征用的客体。具体包括：

1. 物。指土地、房屋、交通工具、通讯设施、粮食、设备、物资等物质财富。这是行政征用中最主要的客体。

2. 智力成果。包括著作权、专利权。

3. 受法律保护的具有经济价值的利益，如商业信誉等。

4. 劳务。

●除了前文所述行政征用权，其他行政权力还包括监督检查、备案、年检（审）、调解、验收等。

●行政监督检查是指具有行政监督检查职能的行政主体按照法定的监督检查职权，对一定范围内行政相对人是否遵守法律、法规、规章，是否执行有关行政决定、命令等情况，进行能够影响行政相对人权益的检查了解的具体行政行为。

●行政备案不属于行政许可，虽然在法律层面尚无对行政备案定义的描述，但在2011年实施的《广州市行政备案管理办法》中对行政备案做出了如下概念："行政备案，是指行政机关为了加强行政监督管理，依法要求公民、法人和其他组织报送其从事特定活动的有关材料，并将报送材料存档备查的行为。"这个对行政备案概念的定义还是很科学的，用词准确而且概括了行政备案的主要特征，特别是该定义还指出了行政备案一个最重要的功能也是行政备案的目的——存档备查。

●行政年检（审）又称为行政许可年检（审），《行政许可法》作为我国统一的行政许可法典并没有对年检的制度定位作出直接、明确的规定，只是通过明示列举的立法体例规定行政许可监管机关可以根据法律、行政法规的规定对涉及公共安全、人身安全的设备、设施进行定期检验。从学理上说，年检是由一定的行政主体进行的，对被许可人是否遵守《行政许可法》的规定，维持其取得许可时的状态，依据相关的法律、法规所进行的检查，并作出具体的、单方面的、能直接产生、改变或消灭法律关系的决定。例如，《注册会计师年检办法》第2条规定："注册会计师年检是指注册会计师协会对注册会计师的任职资格进行的年度检验。"

●行政调解是行政机关根据法律规定，对属于国家行政机关职权管辖范围内的民事纠纷，通过耐心的说服教育，使纠纷的双方当事人互相谅解，在平等协商的基础上达成一致协议，从而合理地、彻底地解决纠纷矛盾。调解协议一般不具有强制性。如市场监管部门的消费调解、价格监管部门的价格争议调解等。

●行政验收是行政机关根据法律法规对已完成的工程、投资等项目进行检验、认可的具体行政行为。如竣工工程验收、重大投资项目验收等。

# B. 权力负面清单

"负面清单"一词,最早出现于自由贸易协定(FTA)中。1994年生效的北美自由贸易区(NAFTA)被认为是最早采用负面清单。它是一国禁止外资进入或限定外资比例的行业清单,与此相对应的正面清单(Positive List),即列明了企业可以投资的领域。这里,我们所说的"权力负面清单"即引申为权力不可触碰和禁止性的清单。我们将法律规定的公职人员的职务违法犯罪行为列为权力"负面清单",意即创新反腐方式,为行政权力治理从意识源头上奠定基础。

反腐必须治权,治权需要依法。因为,腐败就是"以权谋私"。这个"权",泛指公权力,不仅限于一般意义上的党政军警司法等公权力,还包括农村村民组长截留补偿款。这个"私",是指个人、亲友、家族、小圈子、小集团、某行业、某阶层等等。腐败,就是握有各种各样大大小小公权力、准公权力的人,以盘剥、侵吞、出卖、伤害他人、公众、集体和国家民族利益的方式而谋取私利的行为。以权谋私的表现形式就是藐视任何规则,党纪国法统统不在话下,只要有利于己,什么都敢出卖,良心道德公平正义均可出售。以权谋私轻则违纪,重则犯罪(即权力犯罪)。所以,我们都将其纳入权力负面清单。

权力负面清单是一张权力不能触碰和禁止性的清单。从下面权力负面清单所列举的大量案例中,我们可以看到:权力一旦失控,危害触目惊心!反腐倡廉只要"抓住事物根本",彰显和运用法治思维和法治方式,才能解决腐败的根本问题。

# 一、贪污犯罪

贪污罪,是指国家工作人员,利用职务上的便利,侵吞、窃取、骗取或者以其他手段非法占有公共财物的行为。

## 1. 职权本应为民谋福利　贪心却将自己送牢里

**案例**:某村党支部书记丁某、村委会主任朱某在与征地单位协商征地青苗补偿款时,将每亩土地补偿费由2600元提至3250元,每棵树木补偿费由10元提至15元,实际上却按土地每亩2600元、大树每棵15元、小树每棵5至10元不等对村民进行补偿,发给村民后余下的28000元差价款两人平分。在领取补偿款环节,则采取收款不入账或入账不实的方式将部分补偿款截留。在补偿款的管理使用环节,有的通过白条入账的方式进行侵吞,有的将大量补偿款违规存入个人账户,然后再擅自挪给他人使用。案发后,被司法机关追回所得款项,并以贪污罪处以刑罚。

## 2. 贪污手法再高明 难逃财务审查关

**案例**:某村村委会主任在任职期间从乡里将上级下拨的高速公路占地款领走交给村里会计后,又打白条借出,到年底还给会计一大把白条顶账,不到一年的时间,采用虚报冒领、重复报销的手段贪污公款38500元,用于给家人看病和个人办厂等。在财务审查中案发,村委会主任因贪污罪被判刑。

## 3. 十几万元不算多 八年徒刑也不短

**案例**:全村人口不到600人的上上村,非法让社会人员租赁承包土地400亩,村里终于有了累计十几万元的租赁收入,但钱到村里后并没有入账,村支书兼会计高某、村主任李某瞒着村民,在信用社开了活期存折,合伙保管了这笔巨款,除了以村名义个人开办了一个砖窑厂外,其余的全部用于吃喝招待和村干部私分。到村级换届选举时,村支书、村主任双双落选,乡经管站对该村财务结算时,在账目移交清单上并没有看到这笔资金,村干部经济问题才浮出水面,最终高某和李某案件移送司法机关,分别被判处有期徒刑8年。

## 4. 合伙贪污 一同坐牢

**案例:** 赵家村支部书记赵某任职期间伙同该村主任任某、会计赵某某等人,采取虚增小麦亩数的手段,套取小麦植补款和综合植补款22689.8元,占为己有。案发后被判处有期徒刑1年,缓期1年执行,同案其他人也分别被作出有罪判决。

## 5. 侵占别墅本以为高枕无忧 被举报却以贪污罪论处

**案例:** 王某原系某公司总经理。2009年,他向总公司申请用公司自有资金购买住房一套。2015年8月公司申请破产,王某担任清算组副组长,故意隐瞒了该别墅,并指使财务做成了呆死账并予以核销。在整个公司破产清算的过程中,没有任何资料反映出该公司拥有颛兴路388弄的这栋别墅,这栋署名为该公司的别墅在破产清算中竟然被遗漏掉了。目前,这套别墅市值已经达到了近200万元。王某自认为从此可以高枕无忧,再不用担心有人会要他搬出别墅。退一万步讲,即便有人找上门来,他也有理可对,毕竟房子的产权人不是他,怎么也算不上贪污公房。后经人举报检察院对王某立案侦查,并提起公诉。

辩护律师认为别墅的产权人是某公司而非王某,王某作为某公司的总经理只是拥有别墅的居住权而已,不动产的所有权取得应该以办理产权登记为标志,既然产权登记并没有改成王某个人的名字,就说明别墅的产权并没有受到侵害,王某并没有占有公司财产。

公诉人认为，公司破产期间，王某作为公司原总经理和破产清算组副组长，应向有关组织说明该别墅的实际用途而他没有，却作为坏账核销，这些行为显然已经符合贪污罪的构成要件。那么，某公司宣布破产后，公司作为权利人的主体资格不复存在，在该栋别墅被以坏账名义核销后，公司作为所有权人的权利就被非法永久排除，而使该栋别墅置于被告王某的实际控制和占有使用下，尽管权属没有变更，王某的处分权也有所限制，但是王某已实际控制并使用了该别墅，已行使了所有权的主要内容，符合《刑法》对"非法占有"的认定，应当以贪污罪追究其刑事责任。

法院经审理后判决王某构成贪污罪，并判处有期徒刑6年，没收财产人民币6万元，对其贪污所得予以追缴，发还被害单位。宣判后，王某不服判决提起上诉，中级人民法院维持了原判。

## 【专家点评】*

根据最高人民检察院《关于人民检察院直接受理立案侦查案件立案标准的规定（试行）》规定，贪污数额达到5000元时，应立案侦查，或个人贪污数额虽不满5000元，但具有贪污救灾、抢险、防汛、防疫、优抚、扶贫、移民、救济款物及募捐款物、赃款赃物、罚没款物、暂扣款物，以及贪污手段恶劣、毁灭证据、转移赃物等情节的，应立案侦查。职务侵占罪，是指公司、企业或者其他单位的人员，利用职务上的便利，将本单位的财物非法占为己有，数额较大的行为。

以上案例回放可以看出，涉农腐败案件不可等闲视之。农村干部的职务犯罪，由于绝大多数直接损害着农民的切身利益，往往成

---

* "权力负面清单"所涉案例点评专家：吴其满，男，高级检察官，毕业于南开大学法律系，硕士学位，无党派人士，曾挂职担任四川省西昌市人民检察院副检察长；2003年至今历任台州市检察院职务犯罪预防处处长，是省内从事职务犯罪预防工作时间最长的资深职务犯罪预防专家。

为引发农民集体上访的导火索,有的地方甚至因上访而造成正常的"村委"换届工作无法进行,因此,给维护农村稳定工作带来了相当大的压力。最近两年,全国将开展为期两年的集中惩治和预防惠农扶贫领域职务犯罪工作。涉农和扶贫职能部门、乡镇党政机关工作人员和村级"两委"干部、村民小组长、会计等5类人员将成为重点关注目标。重点环节是严肃查办发生在农业发展建设、支农惠农和扶贫资金、专项补贴的项目申报、审核审批、发放管理、检查验收、项目实施等环节。为了推动百姓从涉农惠民政策和扶贫资金中得到实惠,促进农村社会的和谐稳定发展,惩治和预防工作将从以下几个方面开始:一是落实"村账镇管"制度,加强对各村委会资金的监管力度,并贯穿于专项资金运行的全过程,坚决制止和纠正改变专项资金用途、截留资金、抵扣集资等违法行为,保证专项资金能专款专用。二是加强财务开支管理,规范会计科目的设置、财务处理的统一标准,杜绝"白条抵库",确保账账相符、账证相符和账表相符;村民理财小组等各类旨在加强财务监管的组织要严格按照各项财务管理制度和审批程序,不折不扣地履行职责,防止"一支笔"随意审批收支和报账。三是增强村务公开的透明度,为实现农民的知情权和监督权提供保障。村务公开制度是农村基层组织最好且最有效的监督制度,可以防止"一言堂"和搞"暗箱操作",使各项财务活动的开展既能依法行事,又能符合政策规定,更能体现村民的集体意志。

【相关链接】

●**法律依据**:《刑法》第382条规定:"国家工作人员利用职务上的便利,侵吞、窃取、骗取或者以其他手段非法占有公共财物的,是贪污罪。受国家机关、国有公司、企业、事业单位、人民团体委托管理、经营国有财产的人员,利用职务上的便利,侵吞、窃取、骗取或者以其他手段非法占有国有财物的,以贪污论。与前两款所列人员勾结,伙同贪污的,以共犯论处。"第383条规定:"对犯贪污罪的,根据情节轻重,分别依照下列规定处罚:(一)贪污数额较大或者有其他较重情节的，处三年以下有期徒刑或者拘役，并处罚金。（二）贪污数额巨大或者有其他严重情节的，处三年以上十年以下有期徒刑，并处罚金或者没收财产。（三）贪污数额特别巨大或者有其他特别严重情节的，处十年以上有期徒刑或者无期徒刑，并处罚金或者没收财产；数额特别巨大，并使国家和人民利益遭受特别重大损失的，处无期徒刑或者死刑，并处没收财产。对多次贪污未经处理的，按照累计贪污数额处罚。犯第一款罪，在提起公诉前如实供述自己罪行、真诚悔罪、积极退赃，避免、减少损害结果的发生，有第一项规定情形的，可以从轻、减轻或者免除处罚；有第二项、第三项规定情形的，可以从轻处罚。犯第一款罪，有第三项规定情形被判处死刑缓期执行的，人民法院根据犯罪情节等情况可以同时决定在其死刑缓期执行二年期满依法减为无期徒刑后，终身监禁，不得减刑、假释。"

●立法解释：2000年4月29日，九届全国人大常委会第十五次会议通过了《关于〈中华人民共和国刑法〉第九十三条第二款的解释》，这是多年来立法机关首次以立法解释的形式对刑法规范的含义进一步明确界限。其规定："村民委员会等村基层组织人员协助人民政府从事的下列行政管理工作，属于刑法规定的'其他依照法律从事公务'的活动：（一）救灾、抢险、防汛、优抚、扶贫、移民、救济款物的管理；（二）社会捐助公益事业款物的管理；（三）国有土地的经营和管理；（四）土地征用补偿费用的管理；（五）代征、代缴税款；（六）有关计划生育、户籍、征兵工作；（七）协助人民政府从事的其他行政管理工作。村民委员会等基层组织人员从事前款规定的公务，利用职务上的便利，非法占有公共财物、挪用公款、索取他人财物或者非法收受他人财物，构成犯罪的，适用刑法第三百八十二条和第三百八十三条贪污罪、第三百八十四条挪用公款罪、第三百八十五条和第三百八十六条受贿罪的规定。"这个立法解释，对解决农村基层组织人员职务犯罪的法律适用和确定公安、检察机关职能管辖的分工问题具有重要意义。

●关于职务侵占罪的司法解释：

1. 1999年6月25日最高人民法院审判委员会第1069次会议通过最高人民法院《关于村民小组组长利用职务便利非法占有公共财物行为如何定性问题的批复》规定："对村民小组组长利用职务上的便利，将村民小组集体财产非法占为己有，数额较大的行为，应当依照刑法第二百七十一条第一款的规定，以职务侵占罪定罪处罚。"

2. 2000年6月27日最高人民法院审判委员会第1120次会议通过最高人民法院《关于审理贪污、职务侵占案件如何认定共同犯罪几个问题的解释》第2条规定："行为人与公司、企业或者其他单位的人员勾结，利用公司、企业或者其他单位人员的职务便利，共同将该单位财物非法占为己有，数额较大的，以职务侵占罪共犯论处。"第3条规定："公司、企业或者其他单位中，不具有国家工作人员身份的人与国家工作人员勾结，分别利用各自的职务便利，共同将本单位财物非法占为己有的，按照主犯的犯罪性质定罪。"

●贪污罪与职务侵占罪的不同之处：

1. 贪污罪与职务侵占罪虽然均为身份犯，但身份内容不同。

2. 贪污罪的对象只能是公共财物，其中主要是国有财物；职务侵占罪的对象虽然可以是公共财物（如集体所有的财物），但还包括私营公司、企业的财物。

●预防农村基层干部职务犯罪要做好以下几点：

1. 完善农村基层干部的选拔任用制度。在农村，村支书及村干部被誉为"群众的主心骨，党员的排头兵，致富的领头人"。村官不但要具备一定的政治思想修养，而且还要具有一定的法律意识。村官虽小，但对党和政府在群众中的威望影响却很大，他们是党和政府在群众中的化身，其一言一行都代表了党和政府的形象。只有用好、管好、教育好村干部，农村经济的发展和社会的稳定才会有保障。

2. 建立合理的个人收入分配制度，改善和提高村干部待遇。

例如，对村干部实行工资统筹、发放固定工资，为村干部办理医疗保险和养老保险等，这样既解除了村干部的后顾之忧，又调动了其工作的积极性，同时对社会而言也会预防部分职务犯罪的发生。

3. 严格财务制度、把好财务收支关口。一是要杜绝白条子、假单子、堆账等现象，实行收支两条线，真正做到村务公开。二是对收取的土地征用补偿款等，要及时纳入财务，统一管理，合理使用，对一切假公济私的行为予以严惩。三是在村务决算中，村委会或理财小组要集体审查、逐项审计，不合理的决算项目，一律不予支付，严格执行收支两条线。四是要坚持打防并举，综合治理。在抓打击的同时，要注重加强对农村基层干部预防职务犯罪的教育。使广大村干部明确如何正确使用权力、如何自觉抵御诱惑、如何做到遵纪守法等基本问题，及时为农村基层干部提出具体的预防职务犯罪的建议。

# 二、受贿、索贿犯罪

索贿与受贿都是接受贿赂。但索贿是公然向人索取,有敲诈勒索之嫌,情节恶劣,罪重一等,要从重处罚。

## 1. 征用土地有赔偿 收受贿赂要坐牢

**案例:** 沈某在担任某乡红星村党支部书记期间,利用协助政府全面负责某港口机械股份有限公司征用红星村土地补偿费的管理、使用之职务便利,在发包新宅基地形成工程、征用赔偿等业务活动中,先后多次收受工程承包人等3人的贿赂款共计12万元。同时,宅基地形成工程承包人秦某为谋取不正当利益向沈某行贿7万元。此案经检察机关侦查终结,并向法院提起公诉。

## 2. 从县长到书记前程乐观　因防线崩溃后患无穷

**案例**：刘某原系 C 县县长，后提为 D 县县委书记，在任职的 2003 至 2012 年间，其利用职务便利收受他人贿赂共计人民币 738 万元及金条 4 根（合计 400 克），并有人民币 556.36 万元的财产不能说明合法来源。经检察机关查证后向法院提起公诉，法院以受贿罪、巨额财产来源不明罪判处其有期徒刑 17 年，并处没收个人财产 70 万元。判决后，刘某忏悔道："我自幼生长在农家，从政之初，我既有鲲鹏展翅的雄心，也有勤勉为民的愿望，但当我手握实权之后，各种诱惑便纷至沓来，让我忘记了初心。当人情、礼金率先突破我的防线后，我的思想便由清澈渐渐转为混沌，很快就产生了'塌方效应'。最终，由于疯狂追逐金钱、美色带来的快感，让我滑入了犯罪泥潭而无法自拔。2003 至 2012 年，我先后担任县长和县委书记，一些'朋友'贴了上来，社会上的老板们也围绕在我身边，和我称兄道弟，亲密无间。在开始收受贿赂时，我还心中忐忑、寝食难安。随着不断受贿，渐渐心安理得。女儿出嫁、父亲去世、出国考察，前来的'地产大腕''企业大亨'都奉上厚礼，表达对我的'深情厚谊'。仅办理家中婚丧之事,我就收了礼金250余万元。"

## 3. 法律不相信"原则"

**案例:** B县县委原副书记卢某在官场上很有悟性,他受贿讲究两个"原则":一是不熟的人送钱,不收或不全收;二是收了钱未办成事,必须退钱。卢某不仅自己坚守这两个"原则",对自己的亲属也是这样要求的。当他得知侄子违背"原则"收了300万元后,恼怒异常,称"关系不熟,钱不能要",并坚持让其侄子退还(实际退了220万元);当他收钱后无法完成所托之事时,也毫不犹豫地将钱退还。无独有偶,C市的公安局原局长叶某有"五不"原则(不主动索要钱财、不办事不收钱、不催讨该给还没给的钱、不讨价还价、不介意钱多钱少);D县县委原书记李某也有"三不收"原则(事没办成的不收、关系不密切的不收、几个人同时送的不收);F市的交通局原副局长杜某也有"就是不能让单位吃亏,只收干活干好的,干差的送钱也不收"的原则。这些"原则"在法律面前等于零,最终都逃脱不了法律的惩处,分别被判处不同刑期的徒刑。

## 4. 从善如登 从恶如崩

**案例:** D县副县长李某在担任财政局长、副县长期间,利用职务便利,在负责工程招投标、工程款拨付等方面为他人谋取利益,多次非法收受他人给予的人民币168.8万元,法院以受贿罪判处其有期徒刑11年,对其犯罪所得人民币168.8万元予以追缴,上缴国库。"从善如登,从恶如崩",这是他入狱后发出的人生悔悟。他说:"自从在2002年11月第一次收下一建筑公司老总送的第一笔贿赂款后,自己就一发而不可收拾,让膨胀的私欲一次又一次攻破做人的根本底线,在罪与非罪的斗争中一败涂地,最终沦为人民的罪人。"回忆自己犯罪的经过时,他说:"当时县里开发农田整治工程项目,当我分管的部门负责人给我送钱时,我便感受到自己手中权力所带来的威力,同时,亦觉得下属一定收的钱更多,于是自己开始直接收钱,于是便一步一步滑向犯罪的深渊。我所收受的160多万元不义之财,让我成了历史的罪人。是它,让我以一己私欲公然挑战党纪国法的威严;是它,让我丧失了一名共产党员的资格;还是它,让我在年近花甲时步入了监房……从此,便失去了人生最珍贵的自由。"

【专家点评】

《刑法》第386条明文规定:"对犯受贿罪的,根据受贿所得数额及情节,依照本法第三百八十三条的规定处罚。索贿的从重处罚。"也就是说,普通受贿罪必须在非法收受他人财物的同时,为他人谋取利益,而索贿并不要求为他人谋取利益。但为他人谋取的利益是否正当、为他人谋取的利益是否实现并不影响受贿罪的认定。

权钱交易是普通受贿罪的本质特征。受贿犯罪案件五花八门,以上列举的仅是几种典型。例如案例3中这种"讲原则"的贪官,虽然少见,却也并不是孤例。可见,天下无奇不有,"讲原则"的贪官也见怪不怪。只是,这些贪官的所谓"原则",究其本质都不过是用来掩饰其贪腐的"保护色",以便能够保全自己,贪得更多更久,从而实现"升官发财两不误"。

"有原则"的贪官,有时或许也能迷惑一些群众,甚至由于其贪腐只收熟人、只收办成事之人的高度隐蔽性,还能博取"清正廉洁"的美名。而且,从行贿者的角度来说,"有原则"的贪官值得信任,至少在没有实现利益交换时不会有损失,因此行贿者更乐于与其打交道。所以,案件的当事人在短短4年时间,就能快速敛财900多万元,可谓名利双收。然而,每一个贪官最终都难逃被查处的结局。"机关算尽太聪明,反误了卿卿性命"。

案例4中的D县副县长李某陶醉于"自己手中权力的威力"，不以为耻反以为荣。底线的失守、羞耻感的丧失，使他的人生观、价值观彻底发生了异化。他的犯罪经历反映了不少官员腐败堕落的共同轨迹。上述案例充分说明：让手握权力的官员"知耻"，应成为引导其拒腐防变的"必修课"。否则，一旦"无耻"之门洞开，则信念丧失、价值崩毁，权力寻租必然紧随其后，腐败是早晚的事。

【相关链接】

●法律依据：《刑法》第385条规定："国家工作人员利用职务上的便利，索取他人财物的，或者非法收受他人财物，为他人谋取利益的，是受贿罪。国家工作人员在经济往来中，违反国家规定，收受各种名义的回扣、手续费，归个人所有的，以受贿论处。"第390条规定："对犯行贿罪的，处五年以下有期徒刑或者拘役，并处罚金；因行贿谋取不正当利益，情节严重的，或者使国家利益遭受重大损失的，处五年以上十年以下有期徒刑，并处罚金；情节特别严重的，或者使国家利益遭受特别重大损失的，处十年以上有期徒刑或者无期徒刑，并处罚金或者没收财产。行贿人在被追诉前主动交待行贿行为的，可以从轻或者减轻处罚。其中，犯罪较轻的，对侦破重大案件起关键作用的，或者有重大立功表现的，可以减轻或者免除处罚。"第390条之一规定："为谋取不正当利益，向国家工作人员的近亲属或者其他与该国家工作人员关系密切的人，或者向离职的国家工作人员或者其近亲属以及其他与其关系密切的人行贿的，处三年以下有期徒刑或者拘役，并处罚金；情节严重的，或者使国家利益遭受重大损失的，处三年以上七年以下有期徒刑，并处罚金；情节特别严重的，或者使国家利益遭受特别重大损失的，处七年以上十年以下有期徒刑，并处罚金。单位犯前款罪的，对单位判处罚金，并对其直接负责的主管人员和其他直接责任人员，处三年以下有期徒刑或者拘役，并处罚金。"第391条第1款规定："为谋取不正当利益，给予国家机关、国有公司、企业、事业单位、人民团体以财物的,或者在经济往来中,违反国家规定,给予各种名义的回扣、手续费的,处三年以下有期徒刑或者拘役,并处罚金。"第 392 条第 1 款规定:"向国家工作人员介绍贿赂,情节严重的,处三年以下有期徒刑或者拘役,并处罚金。"第 393 条规定:"单位为谋取不正当利益而行贿,或者违反国家规定,给予国家工作人员以回扣、手续费,情节严重的,对单位判处罚金,并对其直接负责的主管人员和其他直接责任人员,处五年以下有期徒刑或者拘役,并处罚金。因行贿取得的违法所得归个人所有的,依照本法第三百八十九条、第三百九十条的规定定罪处罚。"

●2016 年最高人民检察院工作报告:我们坚决贯彻党中央关于反腐败斗争的决策部署,坚持"老虎""苍蝇"一起打、惩治预防两手抓。全国检察机关共立案侦查职务犯罪案件 40834 件 54249 人。突出查办大案要案。查办贪污贿赂、挪用公款 100 万元以上案件 4490 件,同比上升 22.5%;查办涉嫌犯罪的原县处级以上干部 4568 人,同比上升 13%,其中原厅局级以上 769 人。依法对令计划、苏荣、白恩培、朱明国、周本顺、杨栋梁、何家成等 41 名原省部级以上干部立案侦查,对周永康、蒋洁敏、李崇禧、李东生、申维辰等 22 名原省部级以上干部提起公诉。查办受贿犯罪 13210 人,查办为谋取不正当利益"围猎"干部等行贿犯罪 8217 人。依法办理南充拉票贿选案,对涉嫌犯罪的 33 人追究刑事责任。针对群众反映强烈的严重不作为、乱作为问题,查办国家机关工作人员渎职侵权犯罪 13040 人。

●2016 年 4 月 18 日起施行的最高人民法院、最高人民检察院《关于办理贪污贿赂刑事案件适用法律若干问题的解释》是我国依法反腐的又一利器,受到各界高度关注。①

---

① 本部分内容根据新华社记者采访最高人民法院、最高人民检察院相关负责人以及相关专家学者的通稿整理。——编者注

1. 贪污受贿"数额较大"如何起步？

该司法解释的一项重要规定是对贪污罪、受贿罪的定罪量刑标准进行了明确，其中两罪"数额较大"的一般标准由1997年刑法规定的5000元调整至3万元，这样是否合理？

最高人民法院法官认为：从司法解释对贪污、受贿犯罪所作的全面规定来看，体现了对贪污、受贿犯罪从严的精神。《刑法修正案（九）》对贪污罪、受贿罪的定罪量刑标准由过去单纯的"计赃论罚"修改为数额与情节并重，也就是说认定贪污、受贿行为构成犯罪、判什么刑，既要看数额也要看情节。即使未达到数额标准，但具有较重情节的，也要定罪，并按相应的量刑档处罚。

学者认为：对贪腐行为的"零容忍"并不等于对贪污受贿犯罪实行刑事犯罪门槛的"零起点"。我国对贪污、受贿起刑点的设置经历了从2000元到5000元再到《刑法修正案（九）》"数额较大"的概括规定。这期间经济社会发展变化巨大，人均GDP自1997年至2014年增长了约6.25倍，将5000元的起刑点进行适度提升也是势在必行的。北京大学法学院教授陈兴良说："5000元到3万元，似乎存在较大幅度提高。但从1997年到2016年近20年间，5000元的定罪数额确已不适应社会发展。从司法实践看，这种定罪数额的调整对于贪污受贿罪的实际惩治其实不会发生太大的影响，也不会让贪污受贿罪的犯罪圈骤然缩小。"

2. 3万元以下如何追究？

司法解释规定，两罪"数额较大"的一般起点为3万元，对于低于3万元的贪污、受贿行为是否还会追究刑事责任？

最高人民法院法官认为：这并不意味着低于3万元的贪污、受贿行为不予追究刑事责任。"司法解释明确规定，贪污、受贿数额1万元以上不满3万元，同时具有司法解释规定的较重情节的，同样应当追究刑事责任。"

学者认为：无论是不具有一定情节的以3万元为定罪起点，还是在具有一定情节时1万元即可追究刑事责任，都是相当低的入罪标准。通过压低入罪标准，有助于强化"莫伸手，伸手必被捉"

的戒律。

清华大学法学院教授、全国人大法律委员会委员周光权表示,为落实党纪严于国法,把纪律挺在前面的反腐败要求,应做到刑事处罚与党纪政纪处分的有序衔接。"司法解释使得原则性和灵活性有机结合,同时也使刑事处罚和党纪政纪处分之间的衔接更为合理。"

3. "死刑立即执行"怎么判?

司法解释规定了对贪污、受贿犯罪判处死刑的适用条件。那么,贪腐犯罪"死刑立即执行"到底该如何判?

最高人民法院法官认为:依据刑法,司法解释明确规定死刑立即执行只适用于犯罪数额特别巨大,犯罪情节特别严重,社会影响特别恶劣,造成损失特别重大的贪污、受贿犯罪分子。司法机关在审判案件时,对于极少数罪行特别严重、依法应当适用死刑立即执行的犯罪分子,坚决判处死刑立即执行。

对于符合死刑立即执行条件,但同时具有法定从宽处罚情节,不是必须立即执行的,可以依法判处死刑缓期二年执行。死缓是附条件的不执行死刑,即在二年缓期执行期间没有故意犯罪的,依据刑法减为无期徒刑、有期徒刑。

4. 如何适用"终身监禁",能否执行到底?

《刑法修正案(九)》新增加了对贪污罪、受贿罪可以在判处死缓减为无期徒刑后终身监禁的规定,如何保证这项规定在司法实践中得到有效执行?

最高人民法院法官认为:终身监禁是介于死刑立即执行与一般死缓之间的一种执行措施,但又比一般死缓更为严厉。本次出台的司法解释对于终身监禁具体适用从实体和程序两个方面予以了明确。在实体方面,司法解释明确,对那些判处死刑立即执行过重、判处一般死缓又偏轻的重大贪污受贿罪犯,可以决定终身监禁。在程序方面,司法解释明确,凡决定终身监禁的,在一审、二审作出死缓裁判的同时应当一并作出终身监禁的决定,而不能等到死缓执行期间届满再视情而定。

学者认为：这样的规定实际上是将终身监禁作为贪污受贿罪的死刑替代措施看待，而不适用于因犯有贪污受贿罪原本就应该判处死缓的人，从而防止终身监禁的不当适用。终身监禁的裁定必须在裁判的同时就作出，意味着一经作出就必须无条件执行，不能再减刑、释放。

5. 领导"身边人"腐败怎么治？

近年来，一些高级领导干部"身边人"借着"领导关系"大肆敛财。本司法解释如何对这种情形进行规定？

最高人民法院法官认为：这种情形的确成为某些领导干部收受贿赂、规避法律的一种方式。《刑法修正案（九）》已经增加了相关罪名，司法解释也对相关定罪处罚标准予以明确，使法律得到更好实施。司法解释规定"特定关系人索取、收受他人财物，国家工作人员知道后未退还或者上交的，应当认定国家工作人员具有受贿故意"，即对国家工作人员作了更为严格的要求，只要其知道"身边人"利用其职权索取、收受了财物，未将该财物及时退还或上交的，即可认定其具有受贿故意。

司法实践中，国家工作人员往往辩解其是在"身边人"索取、收受他人财物后才知道的，并没有受贿故意，不构成受贿罪。司法解释的相关规定扫除了实践中的障碍，对国家工作人员规避法律的这种情况能给予有效打击。

6. 收了哪些"财物"就算"受贿"？

贿赂犯罪的本质在于权钱交易。这些年随着我国社会经济的发展，贿赂犯罪手段越来越隐蔽。有的行为人通过低买高卖交易的形式收受请托人的好处，有的行为人通过收受干股、合作投资、委托理财、赌博等方式，变相收受请托人的财物。这些算不算"贿赂"？

最高人民检察院检察官认为：根据《刑法》规定，贿赂犯罪的对象是"财物"。因此，如何界定"贿赂"，关键在于如何理解和解释刑法中规定的"财物"。司法解释规定，贿赂犯罪中的财物，包括货币、物品和财产性利益。财产性利益包括可以折算为货币的物质利益如房屋装修、债务免除等,以及需要支付货币的其他利益如会员服务、旅游等。后者的犯罪数额,以实际支付或者应当支付的数额计算。

学者表示,司法解释将贿赂犯罪中的"财物"概念扩张到"财产性利益",将有效应对"请托人将在社会上作为商品销售的自有利益免费提供给国家工作人员消费"的情况,易于检察机关成功起诉贪污、贿赂犯罪,也有利于法院适用刑法有关条款定罪判刑。

### 7. 为何没有规定追逃的内容?

追逃、追赃是深入开展反腐败工作的重要内容,从查办案件来说,两者是紧密相连的。但司法解释并没有规定追逃的内容,这是否会影响追逃工作的开展?

最高人民检察院检察官表示,司法解释规定的是实体而不是程序问题,故其中仅一处涉及追逃,即将"主动交待行贿事实,对于重大案件的追逃、追赃有重要作用的"明确为"对侦破重大案件起关键作用"。

我国《刑事诉讼法》对追逃问题已有相关规定。目前贪污贿赂犯罪逃避经济处罚,隐匿、转移赃物的情况非常严重,影响到反腐败工作的实际效果。对此,司法解释专门规定了违法所得的追缴和退赔。这旨在指引各级司法机关摒弃"重办案,轻追赃"的错误观念,充分认识追赃对惩治腐败、实现公正司法的重要意义。

### 8. 罚金刑的规定能得到执行吗?

《刑法》已经规定了罚金刑,但没有具体适用标准。到底罚多少才能既不让犯罪分子在经济上占便宜,又能避免出现"天价罚金",确保执行到位?

最高人民法院法官认为:贪污贿赂犯罪属于经济犯罪,对贪利型犯罪在判处自由刑的同时施以罚金刑,可以更有针对性地惩治此类犯罪,起到更好的行刑效果。司法解释规定,对贪污罪、受贿罪判处3年以下有期徒刑或者拘役的,应当并处10万元以上50万元以下的罚金;判处3年以上10年以下有期徒刑的,应当并处20万元以上犯罪数额2倍以下的罚金或者没收财产；判处10年以上有期徒刑或者无期徒刑的，应当并处50万元以上犯罪数额2倍以下的罚金或者没收财产。对《刑法》规定并处罚金的其他贪污贿赂犯罪，应当在10万元以上犯罪数额2倍以下判处罚金。

9. 如何把握《刑法修正案（九）》中的"其他情节"？

《刑法修改正案（九）》改变过去单纯计赃论罚的做法，代之以"数额+情节"，这一做法突出了其他量刑情节在贪污罪定罪处罚中的地位和作用，有利于实现罪刑相当，也是科学立法的具体体现。

探讨贪污、受贿罪的"其他情节"，有两个基础性问题需要引起注意：一是情节与数额是否需要挂钩。单从《刑法》关于"数额较大或者有其他较重情节""数额巨大或者有其他严重情节""数额特别巨大或者有其他特别严重情节"的文字表述来看，情节似乎可以完全独立于数额，情节轻重的判断可以不依赖于数额大小。但是，考虑到犯罪数额在贪污、受贿犯罪定罪处罚中所具有的基础性作用，以及其他情节严重程度难以量化，仅根据情节决定刑罚可能出现数额较小却判处过重刑罚的罪刑不相称问题，同时也为了防止量刑上的随意性，有必要借鉴以往有关侵财犯罪司法解释的做法，采用情节与数额相结合的做法，比如，具备一定情节，数额标准将减半掌握。二是如何甄别取舍情节。影响案件量刑的情节很多，尽管前述强调情节轻重的判断要求兼顾数额，但在具体情节的甄别和确定上仍有必要秉持极其严格、审慎的立场，适于作为定罪量刑的必须是那些能够体现犯罪特点、对于定罪量刑具有重要意义的情节。因为，在减半掌握数额标准的情况下，情节在定罪量刑中的占比是极重的。比如，若确定数额特别巨大的标准是100万元，那么具有相应情节的情况下，数额只要满50万元就应当在10年以上判处刑罚。

对于贪污罪其他定罪量刑情节的具体把握，可以考虑四种情形：一是曾因贪污、受贿受过党纪、行政处分或者刑事追究的。这是基于行为人特定的人身危险性而提出的，具有作案前科受过处理仍不改正,说明行为人主观恶性大,需要科以更为严重的惩罚以收到特殊预防之效。二是赃款赃物用于非法活动的。这是基于两次违法行为的特殊危害性而提出的,贪污后进而将赃款赃物用于非法活动,明显具有更为严重的危害性。三是拒不交待赃款赃物去向,致使赃款赃物无法追缴的。这是综合行为人认罪悔罪态度和损害后果而提出的,不同于客观原因不能追缴,因行为人拒绝配合致使赃款赃物无法追缴的,不仅损失后果不能依法挽回,而且反映出行为人毫无认罪悔罪之态度。四是贪污救灾、抢险、防汛、优抚、扶贫、移民、救济、防疫、社会捐助等特定款物的。这是基于犯罪行为特定危害性而提出的,贪污特定款物较一般款物具有更为严重的危害性,一直也是刑事打击的重点。

对于受贿罪其他定罪量刑情节的具体把握,除了上述前三种情形之外,可以重点考虑以下两种情形:一是多次索贿的。设定为"多次索贿",主要是有两方面的考虑:一方面,强拿硬要、主动索要较之于被动收受,其主观恶性和社会影响恶劣程度显然均要重于后者,将索贿作为量刑情节,具有合理性和针对性。另一方面,索贿是《刑法》明确规定的从重情节,加以"多次"限定,可以较好地体现两者程度之差异。二是为他人谋取不正当利益,致使公共财产、国家和人民利益遭受损失的。受贿罪以"为他人谋取利益"为法定要件,但是否实际为他人谋取利益、所欲谋取的利益正当与否均不影响受贿罪的认定。从损害结果的角度,受贿罪存在3种情形,分别是:收受财物后未实施相关职务行为;收受财物后正常履职;收受财物后违法行使职权为他人谋取不正当利益。前两种情形一般不会造成具体的损失后果,第三种情形则直接以妨害公权力正当行使、损害国家或者他人利益为交换条件,具有明显更为严重的危害性,理应从严惩处。

10. 如何区分受贿罪与非国家工作人员受贿罪的界限?

受贿罪与非国家工作人员受贿罪同属于受贿犯罪的范畴,二者有诸多相同或者相近之处。司法实践中区分二者,主要应当把握以下几个方面:

一是从犯罪主体区分。受贿罪的主体只能是国家工作人员；非国家工作人员受贿罪的主体为公司、企业中的非国家工作人员。这是两罪区别之关键所在。因此，实践中区分二者，首先必须查清行为人的身份。如果是国家工作人员，就可能构成受贿罪，如果是公司、企业中的非国家工作人员，则只可能构成非国家工作人员受贿罪。

必须注意，区分国家工作人员和公司、企业人员，切不能简单以是否在公司、企业工作为标准，认为凡在公司、企业工作的人员，都不属于国家工作人员。事实上，根据《刑法》第93条的规定，国有公司、企业中从事公务的人员和国有单位委派到非国有公司、企业从事公务的人员，以国家工作人员论。也正因为如此，《刑法》第163条第3款和第184条第2款明确规定，国有公司企业中从事公务的人员和国有公司、企业委派到非国有公司、企业从事公务的人员，以及国有金融机构工作人员和国有金融机构委派到非国有金融机构从事公务的人员，利用职务上的便利，索取他人财物或者非法收受他人财物，为他人谋取利益，或者违反国家规定，收受各种名义的回扣、手续费，归个人所有构成犯罪的，都应当以受贿罪定罪处罚。

二是从所利用的职务便利的内容区分。受贿罪利用的职务便利，必须是利用行为人所从事的公权力，即自己职务上主管、负责或者承办某项公共事务的职权及其所形成的便利条件；非国家工作人员受贿罪所利用的职务便利，则是利用行为人负责或者从事公司、企业内部某项不具有国家公务性的事务的权力及其所形成的便利条件。因此，即使是公司、企业中属于国家工作人员的人，如果没有利用其所从事的公务的便利条件，而是利用其他便利的，索取他人财物或者非法收受他人财物，为他人谋取利益的，也不能定受贿罪，而应以公司、企业人员受贿罪论处。

三是从行为方式区分。受贿罪的行为表现共四种。即索取财物；收受财物；收受回扣、手续费；间接受贿。而非国家工作人员受贿罪的行为则只限于上述前三种，而不包括间接受贿。

# 三、挪用公款、挪用资金犯罪

挪用公款是指国家工作人员，利用职务上的便利，挪用公款归个人使用，进行非法活动的；或者挪用公款数额较大，进行营利活动的；或者挪用公款数额较大，超过3个月未还的行为。挪用资金是指公司、企业或者其他单位的人员，利用职务上的便利，挪用本单位资金归个人使用或者借贷给他人，数额较大、超过3个月未还，或者虽未超过3个月，但数额较大、进行营利活动的，或者进行非法活动的行为。

## 1. 村官双双入狱　都缘挪用公款

**案例：** 赵庄村村主任赵某为帮助其在银行工作的朋友完成存款业务，指使村财务张某将该村20万元土地款存到区某农村信用社，

张某以个人名义办理了存款手续，存款单由其个人持有，存期为1年。2014年12月9日，赵某又指使张某以该定期存款单作质押，从区某农村信用社贷出现金20万元，用于偿还其借马某的款项，3个月后赵某归还20万元款项。而后，赵某、张某又利用职务之便，将经济技术开发区社区服务管理局借给赵庄村的100万元土地款用作二人开办的某餐饮洗浴有限公司的注册资本。案发后虽然均已全部归还，但两人都因构成挪用公款罪，分别被区人民法院判处有期徒刑5年6个月和5年，以及数额不等的罚金。

## 2. 公私不分铸大错　请人帮忙进班房

**案例**：中国银行某支行副行长，为完成单位理财计划、减轻职工任务压力，找到县扶贫办主管扶贫贴息的副主任李某，让他帮忙购买一银行理财产品。县扶贫办副主任李某提出条件，让这位副行长帮忙把县财政局拖欠了6个月的上年度的扶贫贴息款60万元先要回来才能购买。两个月后，副行长帮县扶贫办催要到了扶贫贴息款 60 万元存入银行中间账户。当月下旬，副行长给李某打电话催促购买理财产品，李某说没带身份证，复印件行不行，副行长说可以，随后李某到银行把身份证复印件给了这位副行长，副行长拿着李某的身份证复印件找到县支行中间业务操作员王某，说扶贫办领导同意用在我行代发的扶贫贴息款中的 20 万元购买理财产品帮咱行完成任务，让她办一下，王某说直接提现金提不出来，可以找几个人的存折发放出来，副行长让她去办，她找了 4 个存折，每个存折打入 5 万元，副行长拿着这 4 个存折和李某的身份证复印件去营业网点把 4 个存折共 20 万元提出来，购买了以李某名义的理财产品手续和存折（因为理财产品必须个人购买，以李某的名义购买是商量好的，这样彼此都放心，以免对钱失去控制）。购买过程中存折户主是县扶贫办副主任李某，但购买协议书和存折、密码所有手续都由副行长保管，钱没有失控，副行长也没有谋取任何回报，1 个月到期后，副行长让营业员把钱赎回，把存折上的 20 万元返还到原中间业务账户上，存折剩余 525 元的利息交给了县扶贫办副主任李某。在这期间并没有影响扶贫贴息款的发放，也没有造成任何损失和不良影响。案发后，检察院以合谋挪用扶贫贴息款数额巨大、进行营利活动进行起诉。

## 3. 挪用公款未使用 对其定罪冤而不枉

**案例**：某国有单位出纳张某为购买住房急需用钱，便将本单位公款 20 万元私自挪出，因没有找到合适的房子，该款一直放在家中，3 个月后，张某将公款归还了单位。检察机关在审查起诉时，对张某"挪而未用"的行为如何定性有两种意见：一种意见认为，这种"挪而未用"的情况，不能作为犯罪处理。理由是：这种挪而未用的行为并不符合挪用公款罪法条上表述的"挪"和"用"必须同时具备的客观构成要件。既然犯罪构成要件无法满足，自然不能以挪用公款罪来处理。另一种意见认为，对"挪而未用"的情况应当认定为挪用公款罪。最后采纳了第二种意见。因为，张某为了个人使用而将公款私自挪出，造成了国家对该项公款失控的严重后果，侵害了国家对公款的使用权、收益权和国家工作人员职务行为的廉洁性，完全符合挪用公款罪的犯罪构成要件。

## 4. 村支书挪用公款是违法　乡政府以经济纠纷追讨真糊涂

**案例：** 某村支部书记徐某在任职期间，收取该村提留、乡统筹款共计52000元（其中乡统筹款为28000元）未上交，占为己有。经乡政府多次催收未果，故乡政府以拖欠提留、统筹为由诉诸法院，要求徐某归还拖欠乡统筹、村提留款52000元。县法院经审查后认为该案属职务犯罪，按照管辖权划分应属公诉案件，故移交县检察院反贪局立案侦查。县检察院反贪局依法侦查终结，认为徐某挪用乡统筹费构成挪用公款罪，挪用村提留款构成挪用资金罪，依法提起公诉。

## 5. 挪用资金千万元　返还以后还判刑

**案例：** 自2010年起，柳家村原村支部书记柳甲及主任柳乙，两人先后以村名义贷款1883万元，全部挪给他人使用，至今未还，分别受到法律的追究。2009年，商人郑某到该村投资，但由于资金不够，又因为没有担保等原因无法在银行贷款。这时他想到了该村的支部书记柳甲、主任柳乙和财会黄某（另案处理）。"何不与他们商量，以柳家村的名义给自己贷款，然后再投资？"郑某想到这个主意后，便找到了上述3人。经过一番磋商，柳甲、柳乙同意了郑某的请求，决定先以"本村要建厂房"为由要求银行贷款支持，再将贷款全部借给郑某。计划拟定，不久便开始了实施。柳甲、柳乙和黄某3人来到镇农村信用合作社，由黄某具体负责洽谈贷款事宜。信用社领导经研究后认为贷款给柳家村建厂房，风险不大，应给予支持。但他们根本不知道这笔贷款是借给郑某使用。柳甲、柳乙和黄某在贷款的借据上签了名。贷款批准后，柳甲、柳乙和黄某没有将贷款一事告诉村民。所贷的款项到达后，没有入该村的账户，挪给了郑某等使用。至案发时，除另外一个借款人周某归还了10万元外，其余借给郑某等人的款项均未能追回，给柳家村造成巨额损失。2012年3月，柳家村与澳门一针织厂签订了一份转让土地的协议，将位于"三个塘"的108亩土地转给针织厂，每亩收"补偿价"2万元。同年4月，利成针织厂分三次将250万港元（当时折合人民币200万元）交给黄某。黄某拿到这笔钱后没有入账，而是将钱全部借给了其堂侄黄某某用于偿还赌债。2013年10月，市纪委在柳家村进行清账时，柳甲、柳乙得知黄某将200万元征地款借给了其堂侄。为了应付检查、隐瞒真相，柳甲、柳乙与黄某"研究"了一番后，找到了"关系户"郑某，要求郑某写一份"借款人民币200万元"假借据，并向胡某等人借了130万元填补。但所借的款项仍不足以填平征地款200万元，于是，柳甲、柳乙和黄某又找到郑某，伪造了一份"补充协议"，伪称村实收征地款为每亩1.25万元。至今黄某某仅归还了33万元，给该村造成了巨大的经济损失。2014年12月，柳甲、柳乙因挪用资金罪、包庇罪，分别被判有期徒刑10年6个月和9年。追缴被二人挪用的资金1873万元，返还该村。

**【专家点评】**

挪用公款罪是指国家工作人员利用职务上的便利，挪用公款归个人使用，进行非法活动的，或者挪用公款数额较大、进行营利活动的，或者挪用公款数额较大、超过3个月未还的行为。国有金融机构工作人员和国有金融机构委派到非国有金融机构从事公务的人员，利用职务上的便利，挪用本单位或者客户资金的，以挪用公款罪追究刑事责任。国有公司、企业或者其他国有单位中从事公务的人员和国有公司、企业或者其他国有单位委派到非国有公司、企业以及其他单位从事公务的人员，利用职务上的便利，挪用本单位资金归个人使用或者借贷给他人，数额较大，超过3个月未还的，或者虽未超过3个月，但数额较大，进行营利活动的，或者进行非法活动的，以挪用公款罪追究刑事责任。

　　从案例4中，我们更能感悟学习法律的重要。下面我们具体剖析这个案例。一是从收取挪用资金的性质和享有资金的所有权者看，根据国务院《农民承担费用和劳务管理条例》第7条、第8条之规定，提留包括公积金、公益金和管理费，属村民委员会全体社员所有。提留预算方案由农村集体经济组织或村民委员会提出，经农村集体经济组织或村民委员会讨论通过并报乡（镇）人民政府备案，并由村民委员会依法收取负责管理和依法按政策支配、使用，且用于本村范围。乡统筹费由乡镇人民政府依法收取，负责管理，依法用于本乡镇的乡、村两级办学、计划生育、优抚、民兵训练、修建乡村公路等民办公益事业。故村提留款、乡统筹费均属公共财物。徐某挪用公款虽属公共财物，但根据2000年4月29日第九届全国人大常委会第十五次会议通过《关于〈中华人民共和国刑法〉第九十三条第二款的解释》（以下简称《刑法第九十三条第二款解释》），村民委员会等村基层组织人员协助人民政府从事的七项行政管理工作之规定精神，村提留费未包括于该七项内容之列，故属挪用资金。乡统筹符合《刑法第九十三条第二款解释》第（七）项之规定"协助人民政府从事的其他行政管理工作"和前六项之规定精神，故属挪用公款。二是从主体身份分析，《刑法第九十三条第二款解释》规定，村民委员会等村基层组织人员协助人民政府从事该《刑法第九十三条第二款解释》中七项行政管理工作，属于"其他依照法律从事公务的人员"。徐某系村支部书记，虽不是村民委员会组成人员，但村支部委员会系村基层组织，而徐某系村级基层组织人员，故其主体身份符合《刑法》第93条第2款"其他依照法律从事公务的人员"，应以国家工作人员论。三是乡统筹的征收方案，按照《农民承担费用和劳务管理条例》第18条规定，须经乡人民代表大会审议通过，乡统筹的征收是乡政府职能，交由村委会征收是政府委托，故村委会征收乡统筹是行使乡政府职能工作，是一种委托征收关系。综上所述，徐某挪用乡统筹费应根据全国人大常委会《刑法第九十三条第二款解释》中的第（七）项规定，认定为构成挪用公款罪；徐某挪用村提留款应根据《刑法》第 272 条的规定和最高人民法院《关于村民小组组长利用职务便利非法占有公共财物行为如何定性问题的批复》的精神，认定为构成挪用资金罪。

《刑法》第 272 条第 1 款规定："公司、企业或者其他单位的工作人员，利用职务上的便利，挪用本单位资金归个人使用或者借贷给他人，数额较大、超过三个月未还的，或者虽未超过三个月，但数额较大，进行营利活动的，或者进行非法活动的，处三年以下有期徒刑或者拘役；挪用本单位资金数额巨大的，或者数额较大不退还的，处三年以上十年以下有期徒刑。"另外，根据公安部《关于村民小组组长以本组资金为他人担保贷款如何定性处理问题的批复》（公法〔2001〕83 号）规定，村民小组组长利用职务上的便利，擅自将村民小组的集体财产为他人担保贷款，并以集体财产承担担保责任的，属于挪用本单位资金归个人使用的行为，构成犯罪的，应当依照《刑法》第 272 条第 1 款的规定，以挪用资金罪追究行为人的刑事责任。

挪用公款罪与挪用资金罪的区别主要表现为：第一，犯罪主体不同：前者是国家工作人员；后者是公司、企业或者其他单位工作人员，属于非国家工作人员。第二，犯罪客体不同：前者的客体是国家公共财产的管理制度；后者的客体是公司、企业或者其他单位的财产管理制度。第三，量刑不同：前者量刑重，最高可判无期徒刑；后者量刑轻，最高可判 10 年有期徒刑。第四，管辖不同：前者由检察机关立案侦查；后者由公安机关立案侦查。当然两者也有相同点，如犯罪的主观方面相同，都是故意；犯罪的客观方面也基本相同。应当注意的是，国有公司、企业或者其他国有单位中从事公务的人员和国有公司、企业或者其他国有单位委派到非国有公司、企业以及其他单位从事公务的人员有《刑法》第 272 条第 1 款行为的，应当依照《刑法》第 384 条的规定，按照挪用公款罪定罪处罚，不能定为挪用资金罪。审计人员在审计工作中如果发现挪用公款线索，则向检察机关移送；如果发现挪用资金线索，则向公安机关移送。

**【相关链接】**

● 《刑法》第384条规定："国家工作人员利用职务上的便利，挪用公款归个人使用，进行非法活动的，或者挪用公款数额较大、进行营利活动的，或者挪用公款数额较大、超过三个月未还的，是挪用公款罪，处五年以下有期徒刑或者拘役；情节严重的，处五年以上有期徒刑。挪用公款数额巨大不退还的，处十年以上有期徒刑或者无期徒刑。挪用用于救灾、抢险、防汛、优抚、扶贫、移民、救济款物归个人使用的，从重处罚。"

● 借贷公款与挪用公款的区别：

1. 主体的法人性。借贷行为人一般是单位的负责人或其他主管财务人员，这些人对内有经营决策权、公共财产支配权，对外有代表单位进行民事活动的资格；挪用则一般是个人决定的。

2. 形式的合法性。借贷都要经过一定的程序（如一般经过批准），办理一定的手续。挪用则是擅自动用公款的行为，一般无须办理手续，一经挪用，就不具备合法性。

需要注意以下两点：一是对以下几种借贷行为应以挪用论处：行为人利用职权自批自借，或互批互借，或假名、冒名借贷，或由他人借款后又转归自己使用。在这种情况下，借贷行为具备挪用公款的构成要件。二是对及时收回本息，未给单位造成损失的，一般可作违反财经纪律处理。因为这种情况下，行为的社会危害性小，情节显著轻微，不宜以挪用公款罪论处。

# 四、滥用职权犯罪

滥用职权是指国家机关工作人员超越职权，违法决定、处理其无权决定、处理的事项，或者违反规定处理公务，致使公共财产、国家和人民利益遭受重大损失的行为。

**1. 误出认定书导致严重后果　工作人员涉嫌滥用职权犯罪**

**案例：** 王甲系某市城市管理监察支队支队长，派该支队外聘人员对被征收人李某违建房屋进行调查，轻信被征收人李某提供的一份该市建设局四城监停字〔2006〕第1049号责令停止违法建设行为通知书。王甲对李某无照房屋的建设年限认定上又不认真进行审核，仅凭李某提供的停建通知书和李某证实的建设时间，擅自决定将李某的违建房屋确定为2007年前建设的。吕乙作为该市城市管理监察支队法制科终审认定工作的负责人,也没有认真进行审核,便在房屋建设情况认定书的"局领导审批意见"一栏里盖章。2015年1月14日,房地产评估有限公司以李某的1179.48平方米无照房屋为2007年前建设作为评估依据,评估价值为135万元。2015年7月28日经该市城市管理监察支队例会研究,认为对李某出具的上述两份认定书认定的事实不清、证据不充分,研究决定对这两份认定书予以撤销。由于王甲和吕乙的行为,严重影响了该市南新华大街改造工程进度,致使109路公交车不能按照正常路线行驶,给周边的工厂、学校人员出行造成了极大影响,而且使其他道路上的被征收人产生了观望态度,是对政府行政行为公信力的挑战,造成了恶劣的社会影响。检察机关认为,王甲身为国家授权委托的行政执法部门负责人,吕乙身为终审负责人,二人在执行公务过程中滥用职权,决定对二人以涉嫌构成滥用职权罪立案侦查。

## 2. 受朋友所托假公济私 滥用职权构成犯罪

**案例**:丁某所开饭店与于某所开酒店相邻,两家经常为争抢顾客发生争执。丁某找到其在食品卫生检查站工作的老同学马某,让

马某帮忙整治一下于某,马某满口答应。这天马某来到于某的酒店挑三拣四,吹毛求疵,诬称于某的酒店卫生不合格,不容分说强令于某停业整顿,并扣缴了于某的营业执照。致使于某1个月未能正常营业,直接经济损失10万元,并使该酒店信誉受到严重影响。此案经法院审理,认为马某滥用职权,造成经济损失10万元,情节一般,但受其朋友所托,徇于私情而假公济私,故意违反执法程序,有意曲解、滥用政策法律的规定,因而具有徇私舞弊的情节。决定对马某在5年以下有期徒刑的量刑幅度内量刑。

### 3. 滥用职权谋拆迁补偿款 终以诈骗罪被判处刑罚

**案例:** 56岁的民警窦某利用其做社区民警的机会,不仅在市郊某村买了一处农房,还在该村拆迁之际,将其妻子及多名亲友的户口迁入农房。窦某在该村拆迁时,谎称该房产是宅基用房,且该房还进行生产经营,以此骗取拆迁补偿款。案发后,该案最初指控罪名是滥用职权罪。检察院立案侦查后认为,窦某明知其妻子李某以及王某、彭某等6人不符合在该村落户的条件,却违反规定出具《入户情况调查表》,在该村拆迁过程中,其谎称该房为宅基用房,且为生产经营用房,共骗取拆迁补偿款1035万余元和6套安置房。法院审理决定以诈骗罪判处窦某有期徒刑13年。

【专家点评】

滥用职权罪一般表现为3种形式：（1）在职责范围内，违反法律规定或者违背职责宗旨行使职权；（2）逾越职责范围擅自作出决定；（3）利用职责的便利条件，擅自强令下级作出决定。案例2中，马某是食品卫生检查站的工作人员，具备国家工作人员的身份。马某确实负有检查食品卫生的职责，但由于受朋友所托，其检查于某的酒店变成假公济私的行为。马某违背其履行职责所要求的公正宗旨，故意找茬，违反行政处罚法的规定和程序，擅自责令于某停业，查扣营业执照，导致于某信誉受损，直接经济损失10万元。马某违背了职责要求，违反了法律规定的权限和程序，滥用职权，造成重大经济损失，妨害了国家食品卫生正常的管理活动，故此理应构成滥用职权罪。

【相关链接】

●滥用职权罪是指国家机关工作人员超越职权，违法决定、处理其无权决定、处理的事项，或者违反规定处理公务，致使公共财产、国家和人民利益遭受重大损失的行为。涉嫌下列情形之一的，应予立案：（1）造成死亡1人以上，或者重伤2人以上，或者重伤1人、轻伤3人以上，或者轻伤5人以上的；（2）导致10人以上严重中毒的；（3）造成个人财产直接经济损失10万元以上，或者直接经济损失不满10万元，但间接经济损失50万元以上的；（4）造成公共财产或者法人、其他组织财产直接经济损失20万元以上，或者直接经济损失不满20万元，但间接经济损失100万元以上的；（5）虽未达到（3）、（4）两项数额标准，但（3）、（4）两项合计直接经济损失20万元以上，或者合计直接经济损失不满20万元，但合计间接经济损失100万元以上的；（6）造成公司、企业等单位停业、停产6个月以上，或者破产的；（7）弄虚作假，不报、缓报、谎报或者授意、指使、强令他人不报、缓报、谎报情况，导致重特大事故危害结果继续、扩大，或者致使抢救、调查、处理工作延误的；(8)严重损害国家声誉，或者造成恶劣社会影响的；(9)其他致使公共财产、国家和人民利益遭受重大损失的情形。

　　国家机关工作人员滥用职权，符合《刑法》第九章所规定的特殊渎职罪构成要件的，按照该特殊规定追究刑事责任；主体不符合《刑法》第九章所规定的特殊渎职罪的主体要件，但滥用职权涉嫌上述第(1)项至第(9)项规定情形之一的，按照《刑法》第397条的规定以滥用职权罪追究刑事责任。

　　●滥用职权行为与造成的重大损失结果之间，必须具有刑法上的因果关系。滥用职权行为与造成的严重危害结果之间的因果关系错综复杂，有直接原因，也有间接原因；有主要原因，也有次要原因；有领导者的责任，也有直接责任人员的过失行为。构成滥用职权罪，应当追究刑事责任的，则是指滥用职权行为与造成的严重危害结果之间有必然因果联系的行为。否则，一般不构成滥用职权罪，而属于一般工作上的错误问题，应由行政主管部门处理。

# 五、玩忽职守犯罪

玩忽职守罪是指国家机关工作人员严重不负责任，不履行、不正确履行或者放弃履行其职责，致使公共财产、国家和人民利益遭受重大损失的犯罪。

## 1. 酒后失枪铸大错　玩忽职守罪应得

**案例：** 黄某系县人武部库房军械保管员。这天，黄某明知晚上要值夜班，仍在晚饭时与朋友喝酒，酒后在值班时忘记锁上存放手枪的保险柜即倒头大睡，致使两支六四式手枪、子弹50发被案犯宋某所盗。宋某用所盗枪支，抢劫了一家储蓄所，劫款84万元，打死、打伤银行工作人员各3名。

黄某的玩忽职守行为导致银行巨款被抢,死伤多人,造成特别严重的人身伤亡和经济损失,属情节特别严重,依照法律规定,对被告人黄某应在3年以上7年以下有期徒刑的幅度内量刑。

## 2. 曹某虽未正确履职 但也不应强求入罪

**案例**:曹某系某派出所负责户籍窗口业务办理的民警。2008年4月,在为辖区内郑某办理二代身份证时,未按有关要求对郑某的一代身份证、常住人口信息及照片进行比对核实;在核发证件时,也未按有关规定将一代身份证收回,致使郑某冒用其兄郑某某的身份信息换领到郑某某二代身份证。2009年6月,郑某(当时真实年龄为18周岁)使用该身份证申请大型货车驾驶证。根据《机动车驾驶证申领和使用规定》的规定,申请大型货车的驾驶证需年满21周岁。2011年4月,郑某(未满21周岁)通过考试领取了名字为"郑某某"的驾驶证。2012年6月,郑某(已满21周岁)驾驶一辆重型自卸货车造成3人死亡的重大交通事故,郑某对该起事故负主要责任。很显然,本案中造成3人死亡的危害后果,郑某构成交通肇事罪自无疑义。但是往前追溯,还有以下两个情节不容忽略:第一,曹某未正确履行职责的行为,这一行为直接导致郑某冒用其兄的名字获得二代身份证;第二,郑某持该身份证报考并获取驾照的行为,这一行为导致了郑某在实际年龄不符合规定的情况下通过考试获得了驾驶证。由于危害结果并不是直接由曹某玩忽职守的行为引起的,在这种情况下,曹某未正确履职的行为对危害结果的发生有什么影响,不具备刑法意义上的因果关系,因而曹某也不构成玩忽职守罪。

## 3. 杨某分文未取　缘何犯罪

**案例：** 杨某，女，汉族，原任某财政所总预算会计和"零户统管"核算中心总会计，案发前系某镇新型农村合作医疗管理办公室主任。2004年9月18日，镇成立"零户统管"会计核算中心强化乡（镇）财务管理。2004年10月15日，区财政局下文由时任财政所总预算会计的杨某担任会计核算中心总会计，根据其工作职责要求，负责组织实施中心"零户统管"的会计核算和监督工作。2005年12月2日至2007年11月16日，时任镇财政所"零户统管"会计核算中心资金会计的陆某利用其担任核算中心资金会计的职务便利，挪用会计核算中心基本户公款共94笔740500元，而犯罪涉嫌人杨某未能按照其工作职责的要求和规定制定相关的内部制约机制、进行对账，对统管单位的资金收支、结余情况失去监管，给陆某挪用公款提供了方便，造成镇财政所被陆某挪用公款740500元，所挪用的公款至今无法收回，给国家造成巨大经济损失。检察机关遂对杨某立案侦查，之后以其涉嫌玩忽职守罪依法移送审查起诉。

**【专家点评】**

案例3中，杨某自己分文未取，那为何要追究其刑事责任？主要是因为：一是不履行工作职责，工作严重不负责。杨某作为镇新型农村合作医疗管理办公室主任，其职责就是负责组织实施中心"零户统管"的会计核算和监督工作，而陆某在2005年12月至2007年11月长达两年时间内挪用基本户94笔，共计740500元，数额如此巨大，作为核算中心主任的杨某不可能一点没有察觉，但她竟然置之不理，不履行职责，对陆某的罪行持放任态度，致使国家财产受到巨大损失。由此看来造成陆某犯罪并非偶然，而是杨某作为国家工作人员严重不负责任，不履行会计核算和监督职责造成的。会计制度是国家基础的财务管理制度，是作为财务会计人员的基本的工作准则，杨某作为专业的财务会计人员，受过良好的专业会计技能学习和培训，其行为放松对自身的要求，放任了对工作的管理，缺乏自觉自主的工作积极性和自我思想约束。二是法律意识淡薄，管理不到位。杨某本应按照工作职责的要求和规定制定相关的内部制约机制、进行对账，而事实上其并没有按照职责建立起并实施整套的财务收支审批和经办制度，致使陆某找到漏洞，有机可乘。在财务上的管理不到位，在思想上害怕群众知道太多不利于工作，导致财务的透明度不够，本该让群众明白的却"暗箱操作"，本该定期将财务收支情况公开，却遮遮掩掩，内容贫乏、空洞，让人们无法了解资金的用途和去向。这样最终导致了陆某无章可循、无法可依，暗暗滋生犯罪意识，一次又一次肆无忌惮地实施犯罪。杨某作为财政所"零户统管"会计核算中心总会计，其应当很清楚总会计的任务，就是科学地统筹账户资金运用，结合本地区的管理特性，制定符合地区发展的会计体系，究其根源还是思想法律意识淡薄造成。三是监督缺乏客观因素，监管体制缺位。2004年9月18日镇成立"零户统管"会计核算中心，以强化乡（镇）财务管理。但在主体上，财政所本身就失去了内部监管，处于混乱状态。在客观上，镇政府的监督通常是表面工作，缺少监督实效，特别是对资金收支过问甚少，对于账目检查和审计几乎落空，因此，真空地带无疑是给犯罪分子打开了"绿色通道"。

玩忽职守罪一般表现为3种形式：（1）未履行职守，即行为人没有实施其职务上所要求的行为；（2）未尽职守，即行为人虽然履行了自己的职责，但态度不认真，马虎草率、敷衍塞责或解决问题不及时、不得力；（3）擅离职守，即不按职责要求，在特定时间离开了特定的场所。

案例1中，黄某身为县人武部军械保管员，当属国家机关工作人员。黄某虽按时到岗值班，但工作态度极不认真，明知酒后有可能使其身负的保管枪支的重责出现闪失，而轻信能够避免，导致酒后昏睡，忘记将存放手枪的保险柜锁好，使歹徒趁机盗走枪支，最终造成银行被抢、人员死亡的严重后果。黄某未尽职守的行为严重侵害了国家对枪支的正常管理活动。由此可见，黄某具备玩忽职守的主体身份，客观上有未尽职守的行为以及造成了重大损失的后果，主观上又有过失，实质上是对国家机关正常管理活动的侵害，无疑构成玩忽职守罪。

1979年《刑法》只规定有玩忽职守罪，而1997年《刑法》将其分解为玩忽职守罪和滥用职权罪。其目的在于将渎职犯罪从主观故意和行为方式上划分为两类，即一般情况下，玩忽职守罪属于过失的不作为犯，而滥用职权罪属于故意的作为犯。但也不能排除玩忽职守罪存在间接故意的可能，如明知其擅离职守的行为可能发生危害后果，而放任这种结果的发生。同时也不能排除滥用职权罪存在不纯正的不作为犯，如故意不在法定期限内申批当事人的合理要求而导致当事人受损。

【相关链接】
● 渎职犯罪与玩忽职守犯罪的区别：
玩忽职守罪是指国家机关工作人员严重不负责任，不履行、不

正确履行或者放弃履行其职责,致使公共财产、国家和人民利益遭受重大损失的犯罪。构成玩忽职守罪必须具备以下条件:(1) 本罪的犯罪主体是国家机关工作人员,即国家权力机关、行政机关、司法机关、军队、政党中从事公务的人员;(2) 本罪在主观方面是一种过失;(3) 本罪在客观方面表现为不履行、不正确履行或者放弃履行职责,致使公共财产、国家和人民利益遭受重大损失的行为;(4) 只有致使公共财产、国家和人民利益遭受重大损失,才能构成犯罪。

渎职罪是指国家机关工作人员滥用职权、玩忽职守、徇私舞弊、徇私枉法,妨害国家机关的正常管理活动,情节严重或者致使国家和人民的利益、公私财产遭受重大损失的行为。构成渎职罪的要件:(1) 渎职犯罪侵犯的客体是国家机关的正常管理活动;(2) 客观方面表现为各种滥用职权,或者徇私舞弊,或者玩忽职守,妨害国家机关正常管理活动的渎职行为;(3) 本类罪的主体仅限于国家机关工作人员;(4) 主观方面有故意,也有过失。

国家机关工作人员滥用职权、玩忽职守或者徇私舞弊,危害国家机关的正常管理秩序,给国家和人民利益造成重大损失的共涉及33个罪名,最常见的有以下六种:(1) 滥用职权罪;(2) 玩忽职守罪;(3) 故意泄露国家秘密罪;(4) 徇私枉法罪;(5) 枉法裁判罪;(6) 国家机关工作人员签订、履行合同失职被骗罪。

● 依法、科学、合理界定玩忽职守犯罪的因果关系:

玩忽职守罪中危害行为与结果之间的因果关系与自然犯不同,后者体现的是自然性或伦理性。在自然犯罪中,因果判断主要是事实判断,并且多是通过技术手段如司法鉴定来完成。而玩忽职守罪属于法定犯罪,其因果判断除了技术手段外,更多的要注意从法律意义上判断,即从法律意义上考察产生结果的实质原因是否是该玩忽职守行为。因此,对玩忽职守罪要构建以事实原因和法律原因的双层次因果判断模式。事实原因的判断,纯粹属于事实上的认定过程,体现的是一种技术性的判断,其功能在于将客观上不存在因果联系的事实排除在考察范围之外。而法律原因的判断,是在事实原因判断的基础上,从法律调整和控制目的进行评价,是一种法的价值的判断,是在事实判断的基础上作进一步法律上的筛选的同时,从法律上对事实判断的结论进行检验,使得判断结论在法律上具有说服力。

在具体操作层面上,玩忽职守罪法律原因判断应从以下几个方面展开:(1)必须明确行为人法定职责所要求的具体作为义务的内容。玩忽职守罪的前提是行为人负有特定作为义务,应当作为,而且能够作为,但行为人却不作为,表现为不履行或者不认真履行自己的义务。负有职责意味着行为人有义务正确、妥当地处理自己职权所应处理的事务。(2)行为人的玩忽职守行为制造了被刑法所否定的社会危险。在一般意义上,只要国家机关工作人员不履行或不认真履行职责,就可以认定其制造了不被允许的危险。但是,玩忽职守行为所制造的危险往往具有潜在性、抽象性、一般性的特点,这种危险只有通过中介因素才能转化为现实的、具体的、特定的危险。因此,这种危险是否要上升到刑法否定评价的程度,除了现有对玩忽职守犯罪危害后果有一个标准之外,更多的是要结合具体个案进行评价分析。(3)要考虑危险行为的持续性。由于玩忽职守罪的危险性通常需要中介才能最终完成,因此当某种构成潜在危险的条件被排除以后,危险可能就不存在。这种危险条件的排除,一般有两种情形:第一种情形是职务行为效力的存续期限届满。因为危害行为以职务行为为载体,当该行为效力在危害结果出现之前已经终结,且与后来引起危害结果的事实没有关联时,则此危害行为与后面的危害后果没有因果关系。第二种情形是潜在的、内在的中介因素在持续一段时间以后由于外在客观原因而被排除。

● 针对渎职侵权犯罪呈现出犯罪行为系统化、犯罪主体群体化、危害后果多元化,以及案件涉及人多、面广、损失巨大、敏感性强、法律关系复杂等特点,检察机关明确了六个方面的办案重点和主攻方向:一是高度重视查办生态环境保护、食品药品安全等领域的渎职犯罪;二是紧盯"十三五"时期国家专项资金的申报、管理和发放,严肃查办专项资金领域的渎职犯罪;三是着力提高责

任事故调查的介入率，依法查办事故所涉渎职等职务犯罪案件；四是严肃查办司法领域渎职侵权犯罪案件，特别是对冤错案件背后的徇私枉法、滥用职权、刑讯逼供等犯罪敢于亮剑；五是严肃查办换届选举中弄虚作假、送钱拉票等破坏选举犯罪及其所涉的渎职等职务犯罪案件；六是紧密结合当地实际，组织开展小专项活动，有针对性地拓宽办案领域。

　　对于重大生产安全、食品药品安全、环境污染等事故或事件，将推动行政主管部门及时向检察机关通报事故或事件发生的情况，积极派员参加调查，建立健全快速响应和同步介入调查机制。

# 六、违反纪律应当受到处罚的行为

全党各级组织和广大党员能否做到思想统一，行动一致，令行禁止，将直接影响到全面建设小康社会目标的实现。《中国共产党纪律处分条例》围绕党纪戒尺要求，开列"负面清单"、重在立规，划出了党组织和党员不可触碰的"底线"。

## 1. 戏谑丑化领导人　违反政治纪律受处分

**案例：** 2015年5月17日，某县纪委接到一条违反政治纪律问题的举报线索。据线索反映，5月15日，某镇中心卫生院门诊部主任王某在其微信朋友圈（30多人）乱发不当政治议论，丑化党和国家领导人形象。该县派人展开调查，很快查清事实并给予王某党内警告处分。

## 2. 不报、瞒报　违反组织纪律

**案例：** 某县交通运输局党总支书记赵某带领13名党员外出未认真履行书面报备手续，被通报批评。此消息一出，立刻在当地干部群众中引起强烈反响。据了解，端午节前后，县纪委派出多个明察暗访小组，其中第二督察组来到县交通运输局后，发现仅有3名工作人员上班，经询问后得知，有部分人员去参加党性教育活动了。督察组当场要求提供外出人员名单，但该单位工作人员迟迟拿不出来，这引起了督察组的警觉。随后，督察组到县委办公室、县政府办公室和组织部查阅记录发现，此次外出，县交通运输局并没有进行报备。外出不作书面报备，是典型的违反组织纪律行为，是不可触碰的"红线"。

县科技局原党组书记吴某申报个人住房情况，没有带头执行省里的清房政策，他心存侥幸、有意瞒报，是对组织不诚实，无视党纪条规的硬性约束，没有认识到党员领导干部遵守组织纪律、按规矩办事的重要性，最终受到了党内警告处分。

## 3. 伪造拆迁手续牟利　损害群众利益

**案例**：某市内环建设开发公司经理潘某利用掌握定向安置经济适用房的权力，通过伪造手续，自己骗购定向安置经济适用房1套。随后，其又故伎重演，通过同样的方式伪造手续，为其姐骗购了定向安置经济适用房1套。两次得逞，侥幸心理进一步滋长，潘某变得有恃无恐，办公室、家中都成了他伪造骗取手续的场所。经查短短3年时间，通过伪造拆迁手续，潘某多次为他人骗购定向安置经济适用房。组织认为，潘某是经济适用房安置的组织实施者，手握拆迁安置政策落实的天平，稍有执行不公便会损害群众利益。潘某不仅不秉公办事，还将拆迁安置政策变成牟利工具，弄虚作假，欺上瞒下，为不符合条件的人大肆骗购，使本该拆迁安置的群众利益受到巨大损失，国家财产遭受重大损失，性质极其恶劣。同时，潘某还存在违反政治纪律、廉洁纪律等违纪问题。2015年5月，潘某被开除党籍；违纪所得被收缴。

## 4. 收受巨额贿赂　违反廉洁纪律

**案例**：县烟草公司总经理王某严重违反廉洁纪律，利用职务上的便利，为他人谋取利益，收受贿赂；为亲友经营活动谋取利益，被举报查处。经查王某的亲属与他人利用其影响力经商办企业、成立运输公司、经营与某卷烟厂直接相关的业务，获利甚为丰厚，王某本人从中也获取了巨额"好处"。

## 5. 不担主体责任　违反工作纪律

**案例**：王某自2011年起便一直担任一家卷烟厂党委书记，但是其作为履行从严治党主体责任的一把手却毫无责任和担当意识，反而以频繁的违纪违规行动"带领"手下一帮人走上了严重违纪违规的道路，最终导致卷烟厂从领导班子到中层干部严重违纪串窝案的发生。其中，包括相继被查处的厂党委原副书记、纪委原书记汪某某，原副调研员陶某某，技改办原主任马某某，技改办原副主任陈某某等一批干部。他们利用职权或直接干预卷烟厂设备维护维修、办公楼改造项目，或插手货物运输、建筑安装等诸多事项，胆大妄为，疯狂敛财，任性地将国企当作自己家的"地盘"和"摇钱树"。

## 6. 思想蜕变腐化　违反生活纪律

**案例：** 上述第5个案例中的王某长期以来以"老大"自居，独断专行，从来不按规定公开厂务，大肆进行暗箱操作，方便相关利益关系人承接业务，严重侵犯了该厂职工群众的知情权，违反工作纪律。此外，王某生活奢靡、贪图享乐、道德败坏，长期与多名女性保持不正当男女关系，严重违反生活纪律。

【专家点评】

中共中央颁布实施新修订的《中国共产党廉洁自律准则》（以下简称《廉洁自律准则》）和《中国共产党纪律处分条例》（以下简称《党纪处分条例》），将违纪行为整合规范为政治纪律、组织纪律、廉洁纪律、群众纪律、工作纪律和生活纪律等六类，为广大党员开列了一份"负面清单"。

两项法规的颁布实施是在党长期执政和依法治国条件下，落实全面从严治党战略部署，实现依规依纪治党，切实加强党内监督的重大举措。两项法规一正一反、相互配套，《廉洁自律准则》坚持正面倡导、重在立德，是党员和党员领导干部能够看得见、够得着的高标准；《党纪处分条例》围绕党纪戒尺要求，开列"负面清单"、重在立规，划出了党组织和党员不可触碰的"底线"。

为贯彻落实习近平总书记关于学习贯彻落实两项法规的重要指示，推动各级党组织和广大党员深入学习、宣传、贯彻两项法规，广大党员须牢记各项廉洁自律规范和党的纪律要求，真正把党规党纪的权威树起来、立起来，执行到位。

上述第1个案例中，据了解王某平时表现较好，工作很积极，多次被评为先进工作者。这样一个积极上进的人，为何会违反政治纪律？事后王某说："当时觉得在微信朋友圈谈论政治，是小范围的'玩笑'，不会造成什么大影响。经过县纪委的教育，我知道自己的行为违反了政治纪律。"从他的话中不难发现，触犯纪律"红线"的原因，他作为一名党员干部却忘记了自己的身份，没有拿政治纪律当回事儿。政治纪律是最根本的纪律。作为一名党员，必须把政治纪律放在第一位，时刻用纪律这把尺子衡量自己的言行。纪检机关要把纪律和规矩挺在前面，把违反政治纪律和政治规矩的行为作为纪律审查的重点，抓早抓小、动辄得咎，坚决维护纪律的严肃性。

党的纪律处分有五种，由轻到重的顺序依次是警告、严重警告、撤销党内职务、留党察看、开除党籍。

【相关链接】

● 两项法规是如何体现以党章为遵循的？

党章是党的根本大法，是制定其他党内法规的基础和根据。全面从严治党首先要尊崇党章，牢牢把握党章这个根本遵循。这次对两项法规的修订，全面梳理了党章对党员干部的纪律要求和廉洁自律要求，把党章中的有关要点突出来，是对党章有关规定的具体化，用严明的纪律维护党章权威。例如，原《廉洁从政若干准则》，主要针对党员领导干部廉洁从政行为"8个禁止""52个不准"作出了规定。这次修订，按照党章党要管党要求把适用范围扩大到了8700万党员；具体内容也落实到廉洁自律更基础的要求。修订的《廉洁自律准则》规定的"四个必须""八条规范"（包括党员"四个坚持"、党员领导干部"四个自觉")等有关内容,都能从党章中找到依据。比如,党员要"坚持公私分明,先公后私,克己奉公",体现了党章第3条有关党员义务规定的基本要求。又如,党员领导干部要"廉洁从政,自觉保持人民公仆本色",体现了党章第34条有关党员领导干部必备基本条件的规定要求。《党纪处分条例》同样也是如此。比如,总则部分第3条规定"党章是最根本的党内法规,是管党治党的总规矩……党组织和党员必须自觉遵守党章"等。分则部分各章更是具体体现了党章的要求。比如,根据党章规定的党员要"维护党的团结和统一,对党忠诚老实"的要求,在违反政治纪律行为中增加规定了"搞团团伙伙、结党营私、拉帮结派""对抗组织审查"的纪律处分条款;根据党章第15条第1款规定的"有关全国性的重大政策问题,只有党中央有权作出决定,各部门、各地方的党组织可以向中央提出建议,但不得擅自作出决定和对外发表主张"的要求,在违反政治纪律行为中规定了"擅自对应当由中央决定的重大政策问题作出决定和对外发表主张的"纪律处分条款;根据党章第10条关于"四个服从"要求,在违反组织纪律行为中规定了违反"四个服从"行为的纪律处分条款;根据党章第3条关于党员"为了保护国家和人民的利益,在一切困难和危险的时刻挺身而出,英勇斗争,不怕牺牲"的要求,在违反群众纪律行为中规定了遇危不救行为的纪律处分条款等。

● 党员如果有这些违法甚至犯罪行为,如何追究党纪责任?

原《党纪处分条例》共3编、15章、178条、24000余字,修订后的《党纪处分条例》共3编、11章、133条、17000余字,分为"总则""分则"和"附则"三部分。

按照纪法分开的修订原则,凡国家法律法规已经规定的内容,《党纪处分条例》就不再重复规定。修订中共删除了79条与刑法、治安管理处罚法等法律法规重复的条款。但是，删除国家法律已有规定的内容，并不是说这些行为就不再是违纪，不再给予党纪处分。党章规定，党员有模范遵守国家法律法规的义务，违反国家法律法规的行为都是违纪行为。

删除与国法相重复的内容后，如何追究党员违法甚至犯罪行为的党纪责任，《党纪处分条例》区别五种不同情况，用专门条款分别作出了规定，以实现党纪与国法的有效衔接。一是规定党组织在纪律审查中发现党员有贪污贿赂、失职渎职等刑法规定的行为涉嫌犯罪的，应当给予撤销党内职务、留党察看或者开除党籍处分。二是党组织在纪律审查中发现党员有刑法规定的行为，虽不涉及犯罪但须追究党纪责任的，应当视具体情节给予警告直至开除党籍处分。三是党组织在纪律审查中发现党员有其他违法行为，影响党的形象，损害党、国家和人民利益的，应当视情节轻重给予党纪处分。对有丧失党员条件，严重败坏党的形象行为的，应当给予开除党籍处分。四是党员犯罪情节轻微，人民检察院依法作出不起诉决定的，或者人民法院依法作出有罪判决并免予刑事处罚，以及党员犯罪被单处罚金的，应当给予撤销党内职务、留党察看或者开除党籍处分。五是党员犯罪，有下列情形之一的，应当给予开除党籍处分：（1）因故意犯罪被依法判处《中华人民共和国刑法》规定的主刑（含宣告缓刑）的；（2）被单处或者附加剥夺政治权利的；（3）因过失犯罪，被依法判处3年以上（不含3年）有期徒刑的。因过失犯罪被判处3年以下（含3年）有期徒刑或者被判处管制、拘役的，一般应当开除党籍。对于个别可以不开除党籍的，应当对照处分党员批准权限的规定，报请再上一级党组织批准。

应当说，修订后的《党纪处分条例》在坚持纪法分开的同时，通过设定专门条款的方式，实现了党纪处分与国法处理的有效衔接，党纪处分制度更加科学，不会出现因纪法分开而放纵党员违法犯罪行为的情况。

● 《党纪处分条例》重新划分违纪类型主要是出于什么考虑？

原《党纪处分条例》将违纪行为分为10类，其中有相当部分内容与法律重复，比如贪污贿赂行为（原《党纪处分条例》第9章）、妨害社会管理秩序的行为（原《党纪处分条例》第15章）等。这次修订，按照纪法分开的原则，删除了与法律重复的内容后，根据习近平总书记在十八届中央纪委五次全会上的重要讲话精神，结合党的纪律建设的理论和实践，将违纪行为分为违反政治纪律、组织纪律、廉洁纪律、群众纪律、工作纪律和生活纪律行为六类。其中，政治纪律是党的各级组织和全体党员在政治方向、政治立场、政治言论和政治行为方面必须遵守的行为准则，是维护党的团结统一的根本保证。政治纪律是最重要、最根本的纪律，是打头、管总的纪律，遵守党的政治纪律是遵守党的全部纪律的重要基础。组织纪律是规范和处理党的各级组织之间、党组织与党员之间以及党员与党员之间关系的行为规则，是维护党的集中统一、保持党的战斗力的重要保证。廉洁纪律是党组织和党员在从事公务活动或者其他与行使职权有关的活动中，应当遵守的廉洁用权的行为规则，是实现干部清正、政府清廉、政治清明的重要保障。群众纪律是党组织和党员在贯彻执行党的群众路线和处理党群关系过程中必须遵循的行为规则。群众纪律是党的性质和宗旨的体现，是密切党与群众血肉联系的重要保证，更具有执政党纪律的特色。这次修订将违反群众纪律的行为单设为一类，恢复了"三大纪律、八项注意"中关于群众纪律的优良传统，以保持党与人民群众的血肉联系。工作纪律是党组织和党员在党的各项具体工作中必须遵循的行为规则，是党组织和党员依规开展各项工作的重要保证。生活纪律是党员在日常生活和社会交往中应当遵守的行为规则，涉及党员个人品德、家庭美德、社会公德等各个方面，关系党的形象。党组织和党员违反上述六类行为的，应当追究纪律责任。

需要进一步说明的是，严重违反组织纪律、廉洁纪律、群众纪律、工作纪律、生活纪律等5类纪律，都会侵蚀党的执政基础和执政能力，关系人心向背，说到底都是破坏党的政治纪律。

# C. 公民权利法律保护清单

推行权力清单和权力"负面清单",让群众知道每个单位、岗位有什么权、该干什么事、该负什么责及权力运行流程等;让行使者、监督者和社会各界群众都能一清二楚,便于社会监督和舆论监督,更有利于公权力行使者的自我风险防范。

现代法治社会,本质上是"权利社会"而非"权力社会";"权力"只是手段,"权利"才是目的。公布政府部门的"权力清单",归根结底还是要维护和保障公民的合法权利。从这个意义上说,公民权利的"法律保护清单"既能促进政府部门"权力清单"的顺利执行,也能告诫广大公民维护权利必须依法进行。因而,保护公民权利既是法治的工作目标,也是政府公布"权力清单"的终极目标。

党的十九大报告强调"保护人民的人身权、财产权、人格权。"这对于全面推进法治中国,全面建成小康社会具有深远的历史意义和重大的现实意义。本书将公民权利的"法律保护清单"①分成如下七类:一、公民人身权利;二、公民人身自助权利;三、公民财产权利;四、公民知识产权;五、公民民主权利;六、公民劳动权利;七、公民婚姻家庭权利。通过这些案例的分类解读,让读者知道公民应该如何依法维权!

---

① 详见王建华主编的《中国公民你不可不知的150项法律权利》(中国检察出版社2007年版)一书,此书集中汇集了我国法律赋予公民的各项权利共计150多项,且多角度、全方位地诠释了这些权利,学界认为它是中国首份公民权利的法律保护"清单"。

# 一、公民人身权利

公民人身权利包括公民的健康权、生命权、人身自由权、人格尊严权、姓名权、肖像权、名誉权、荣誉权、隐私权、住宅不受侵犯权、通信自由和通信秘密权等。我国刑法及相关法律对公民的人身权利依法保护。人身自由权是公民人身权利的内核，是指公民在法律范围内有独立行为而不受他人干涉，不受非法逮捕、拘禁，不被非法剥夺、限制自由及非法搜查身体的自由权利。人身自由不受侵犯，是公民最起码、最基本的权利，是公民参加各种社会活动和享受其他权利的先决条件，也是公民按照自己的意志和利益进行行动和思维，不受约束、控制或妨碍的人格权。

## 1. 擅自放置节育环　侵害人体健康权

选修课

**案例**：王某婚后怀孕两个月时，因妊娠反应较重，便去医院做人工流产手术，医生于某按照医院人工流产后即放节育环并且不告诉本人的规定为王某放置了节育环。半年以后，王某想生育子女，却始终未怀孕。此后几年中，王某到处求医问药，希望能怀孕生育均未如愿。去年年底，王某在做超声波检查时发现宫内安有节育环。至此，王某才知道当年流产后于某为其安放节育环一事。多年来王某不能生育，精神上、经济上均深受其害，气愤之中，王某向当地法院提起诉讼，状告于某和某医院侵犯其生育权。法院在审理后认为，本案中于某作为医院工作人员为医院执行职务，他的行为不构成犯罪，但医院未经王某同意而给她安置节育环的行为侵害了王某的健康权，应承担民事责任。

## 2. 同窗相残法不容　杀人偿命受重罚

**案例：** 某大学学生公寓6幢317宿舍发现四具死尸，死者均为该校在校学生，凶手为同窗学友马某，作案后马某失踪。根据银行录像显示，在失踪前，马某还曾经持受害人的储蓄卡到银行取款。此案受到了社会的广泛关注，关于马某的作案动机、实施手段和作案过程都有着各种各样的猜测和议论。随后，公安部发出了通缉令，将犯罪嫌疑人马某捉拿归案。随后法院公开审理了此案，受害人家属提起附带民事诉讼。法院作出刑事附带民事判决，认定马某犯故意杀人罪，判处死刑，剥夺政治权利终身；判令马某赔偿附带民事诉讼原告8万元。宣判后，马某没有提出上诉，并经死刑复核裁定程序，对马某执行死刑。

## 3. 为索债强扣他人剥夺人身自由　判徒刑才知道非法追款不应该

**案例**：李某与王某合伙做生意，因个体运输户赵某拖欠货款1万元、借款2万元，多次索债未果，便强行将赵某挟持至李某家中，让赵某同意将其财产拿来抵押。赵某不从，李某、王某二人便动手殴打，致其肢体多处软组织挫伤。随后，李某和王某将赵某用绳子捆绑了2天，直到第3天赵某同意拿出部分财产作抵押，余款在1个月内还清才将赵某放回家。赵某随即报案。经法医鉴定：赵某所受为轻伤。另外赵某为治伤共花去医药费500多元。法院经审理认为：李某和王某对赵某欠他们的债款，未通过法律途径予以解决，却采取了限制他人人身自由、殴打他人的非法手段索债，其行为已构成非法拘禁罪。因此，法院依法对李某和王某分别判处有期徒刑2年，缓期2年执行；判处两被告赔偿被害人赵某1500元。

## 4. 忍让受欺侮　以法护尊严

**案例**：女教师小南声称"受到顶头上司5年性骚扰"正式向某区人民法院递交诉状，案由是"侵犯人格尊严权"。小南在诉状中称，自己大学毕业到某学校工作以来，被告就经常利用其校长身份，借工作之名要求原告单独到其办公室，以言语、行为及手机短信对原告进行骚扰。原告说："被告行为已严重干扰了我的正常生活，并严重影响了我们的夫妻感情，使我患上神经衰弱，精神几近崩溃。"对于被告的非分要求，她一直都严词拒绝，并要求被告停止对其的骚扰行为，但被告却不听劝阻，仍继续实施侵害行为。为此，原告要求法院判令被告向她赔礼道歉，赔偿精神损害费1万元，并承担所有的诉讼费用。

## 5. 网络不是法外之地　诽谤造谣依法追究

**案例**：原告张某是一名漂亮女孩，网名"红颜静"，主持管理

了 e 龙网站社区站点里的一个文学版块。被告俞某以"大跃进"为网名,在 e 龙网站上网活动。某日,张某、俞某等网友在南京聚会交流,并打牌娱乐到深夜。回家之后,张某打开电脑,发现刚刚还在一起玩的俞某以"大跃进"的网名在公开版块上发出侮辱她的帖子,称"红颜静"是网上的"交际花",以及一些不堪入目的言语,内容极为低下。张某当即回帖要求对方不要乱写,侮辱他人。在此后的几个月里,"大跃进"毫无收敛之心,在"西祠胡同"网站的"交叉线"等公开版块发表了大量的帖子,侮辱"红颜静"。同时"大跃进"还以另一网名"华容道"的名义发帖,对"红颜静"进行侮辱和诽谤。法庭查证被告的身份和行为属实,经过合议认定,被告在明知对方网名和真实身份的前提下,在网站的公开版块发帖,对原告进行人格侮辱和诽谤,故侵权事实成立。判决被告向原告在西祠网站上赔礼道歉,并支付其精神损害赔偿金1000 元。

【专家点评】*

以上五个案例分别涉及侵犯公民的健康权、生命权、人身自由权、人格尊严权、名誉权五个基本人身权利。健康权指的是公民享有的保持其身体完整、生理及心理机能健康的权利,是基本人权。在案例 1 中医生未经本人同意擅自放置节育环的行为一方面剥夺了公民正常生育的权利,另一方面也会对公民的健康造成损害,是侵权行为,应当承担民事责任。在案例 2 中行为人非法侵夺他人生命,其行为侵犯了公民的生命权。生命权指的是公民享有的以生命

---

* "公民权利法律保护清单"所涉案例点评专家:王盛,男,毕业于浙江大学法律系,台州市人民检察院研究室主任;从事检察工作 17 年,先后办理各类刑事案件 700 余件,无一错案。面对来访群众和不服判决的被告人,始终体现人文关怀和公民权利保护意识,让司法充满温情。他用耐心细致的释法说理传递法治正能量,先后荣获"守望正义——群众最喜爱的检察官""浙江省劳动模范""浙江省优秀共产党员""全国模范检察官"、浙江省道德模范、浙江省人大代表、全国道德模范提名奖等荣誉称号。

和安宁为内容的权利。生命是自然人最高的人格利益，也是法律保障的最重要的权利，禁止以任何形式非法剥夺他人生命，因此在《刑法》中设定了"故意杀人罪"来对非法侵害公民生命权的行为进行惩处，最高可处死刑。案例3中行为人侵害他人人身自由权利，人身自由权指的是自然人对自己的行为及意志自由享有的利益。侵犯人身自由权的行为轻则可能承担民事责任，重则可能追究刑事责任。对于使用暴力手段限制他人人身自由的应追究非法拘禁罪的刑事责任。日常生活中，经常会遇到用限制债务人人身自由的方式来追讨债权的案例，实际上不管债权本身是否合法，这种追讨方式都是法律所禁止的，一旦触犯刑法，追债不成反陷囹圄。案例4中行为人侵犯了公民的性的自主权利，属贞操权的范畴，同时行为人的性骚扰行为也对被害人的人格尊严造成了损害，但因为我国民事法律没有明确规定贞操权（虽然在刑法当中以强奸罪的形式对侵害贞操权的行为进行惩处，但在民事法上并没有明文规定贞操权），因此也以侵害人格尊严权承担民事责任。案例5中行为人侵害了公民的名誉权。名誉权指的是公民享有的保护自己名誉不被侮辱、诽谤等方式加以丑化的权利。名誉是公民所享有的社会评价，法律保护名誉权是为了使每个公民都能得到与其自身实际情况相一致的社会评价。侵害公民名誉权的行为轻则应承担民事责任，重则可能追究诽谤罪的刑事责任。

公民健康权、生命权、人身自由权、人格尊严权、名誉权等基本权利受法律保护，一旦受到侵害，首先被害人要懂得自我保护，尽量把损害降到最低，对于一般的侵权行为，可以向法院提起民事诉讼获得赔偿，对于严重侵害上述权利构成犯罪的应当及时向司法机关寻求保护。

【相关链接】

● 健康权的法律依据

《刑法》第234条规定:"故意伤害他人身体的,处三年以下有期徒刑、拘役或者管制。犯前款罪,致人重伤的,处三年以上十年以下有期徒刑;致人死亡或者以特别残忍手段致人重伤造成严重残疾的,处十年以上有期徒刑、无期徒刑或者死刑。本法另有规定的,依照规定。"第235条规定:"过失伤害他人致人重伤的,处三年以下有期徒刑或者拘役。本法另有规定的,依照规定。"

《民法通则》第119条规定:"侵害公民身体造成伤害的,应当赔偿医疗费、因误工减少的收入、残废生活补助费等费用;造成死亡的,并应当支付丧葬费、死者生前抚养的人必要的生活费等费用。"

《消费者权益保护法》第49条规定:"经营者提供商品或者服务,造成消费者或者其他受害人人身伤害的,应当赔偿医疗费、护理费、交通费等为治疗和康复支出的合理费用,以及因误工减少的收入。造成残疾的,还应当赔偿残疾生活辅助具费和残疾赔偿金。造成死亡的,还应当赔偿丧葬费和死亡赔偿金。"

● 生命权的法律依据

《刑法》第232条规定:"故意杀人的,处死刑、无期徒刑或者十年以上有期徒刑;情节较轻的,处三年以上十年以下有期徒刑。"

● 人身自由权的法律依据

《宪法》第37条规定:"中华人民共和国公民的人身自由不受侵犯。任何公民,非经人民检察院批准或者决定或者人民法院决定,并由公安机关执行,不受逮捕。禁止非法拘禁和以其他方法非法剥夺或者限制公民的人身自由,禁止非法搜查公民的身体。"

《刑法》第238条第1款规定:"非法拘禁他人或者以其他方法非法剥夺他人人身自由的,处三年以下有期徒刑、拘役、管制或者剥夺政治权利。具有殴打、侮辱情节的,从重处罚。"

《民法通则》第106条第2款规定:"公民、法人由于过错侵害国家的、集体的财产，侵害他人财产、人身的应当承担民事责任。"

●人格尊严权的法律依据

《宪法》第38条规定："中华人民共和国公民的人格尊严不受侵犯。禁止用任何方法对公民进行侮辱、诽谤和诬告陷害。"

《刑法》第246条规定："以暴力或者其他方法公然侮辱他人或者捏造事实诽谤他人，情节严重的，处三年以下有期徒刑、拘役、管制或者剥夺政治权利。前款罪，告诉的才处理，但是严重危害社会秩序和国家利益的除外。通过信息网络实施第一款规定的行为，被害人向人民法院告诉，但提供证据确有困难的，人民法院可以要求公安机关提供协助。"

●姓名权的法律依据

《民法通则》第99条规定："公民享有姓名权，有权决定、使用和依照规定改变自己的姓名，禁止他人干涉、盗用、假冒。法人、个体工商户、个人合伙享有名称权。企业法人、个体工商户、个人合伙有权使用、依法转让自己的名称。"第120条规定："公民的姓名权、肖像权、名誉权、荣誉权受到侵害的，有权要求停止侵害，恢复名誉，消除影响，赔礼道歉，并可以要求赔偿损失。"

●肖像权的法律依据

《民法通则》第100条规定："公民享有肖像权，未经本人同意，不得以营利为目的使用公民的肖像。"第120条规定："公民的姓名权、肖像权、名誉权、荣誉权受到侵害的，有权要求停止侵害，恢复名誉，消除影响，赔礼道歉，并可以要求赔偿损失。"

●名誉权的法律依据

《宪法》第38条规定："中华人民共和国公民的人格尊严不受侵犯。禁止用任何方法对公民进行侮辱、诽谤和诬告陷害。"

《民法通则》第101条规定："公民、法人享有名誉权，公民的人格尊严受法律保护，禁止用侮辱、诽谤等方式损害公民、法人的名誉。"

●荣誉权的法律依据

《民法通则》第102条规定："公民、法人享有荣誉权，禁止非法剥夺公民、法人的荣誉称号。"第120条规定："公民的姓名权、肖像权、名誉权、荣誉权受到侵害的，有权要求停止侵害，恢复名誉，消除影响，赔礼道歉，并可以要求赔偿损失。"

● 隐私权的法律依据

《民事诉讼法》第68条规定："证据应当在法庭上出示，并由当事人互相质证。对涉及国家秘密、商业秘密和个人隐私的证据应当保密，需要在法庭出示的，不得在公开开庭时出示。"

《刑事诉讼法》第109条第3款规定："公安机关、人民检察院或者人民法院应当保护报案人、控告人、举报人及其近亲属的安全。报案人、控告人、举报人如果不愿公开自己的姓名和报案、控告、举报的行为，应当为他保守秘密。"第118条第1款规定："……犯罪嫌疑人对侦查人员的提问，应当如实回答。但是对与本案无关的问题，有拒绝回答的权利。"第183条第1款规定："人民法院审判第一审案件应当公开进行。但是有关国家秘密或者个人隐私的案件，不公开审理……"

● 住宅不受侵犯权的法律依据

《宪法》第39条规定："中华人民共和国公民的住宅不受侵犯。禁止非法搜查或者非法侵入公民的住宅。"

《民法通则》第75条规定："公民的个人财产，包括公民的合法收入、房屋受法律保护，禁止任何组织或者个人侵占、哄抢、破坏或者非法查封、扣押、冻结、没收。"

● 通信自由和通信秘密权的法律依据

《宪法》第40条规定："中华人民共和国公民的通信自由和通信秘密受法律保护。除因国家安全或者调查刑事犯罪的需要，由公安机关或者检察机关依照法律规定的程序对通信进行检查外，任何组织或者个人不得以任何理由侵犯公民的通信自由和通信秘密。"

《刑事诉讼法》第143条规定："对查封、扣押的财物、文件、邮件、电报或者冻结的存款、汇款、债券、股票、基金份额等财产，经查确实与案件无关的，应在三日以内解除查封、扣押、冻结，予以退还。"

# 二、公民人身自助权利

公民人身自助权利是指权利人受到不法侵害之后，为保全或者恢复自己的权利，在情势紧迫而不能及时请求国家机关予以救助的情况下，依靠自己的力量，对他人的财产或自由施加扣押、拘束或其他相应措施的行为。自助行为的性质属于私力救济，与紧急避险、正当防卫的性质是相同的。自助行为作为正当化的理由即在于其是权利。私力救济分为自卫行为和自助行为，紧急避险和正当防卫属自卫行为。

## 1. 身遇男子不法侵害　农妇正当防卫受保护

**案例**：某日晚20时许，农民李某酒后到农妇王某家门前大骂

不止，并扬言整死王某全家。当晚22时许，王某在家喂猪时，又看到李某骂着向自家走来，感觉情况不妙，忙解下猪圈旁晾衣服用的一根绳子藏在身上。李某骂骂咧咧进了王家后，把王某拉到床上欲行不轨，王某忍无可忍之下，拿出绳子套在李某的脖子上用力猛勒，致李某窒息而亡。法院认定王某的行为属正当防卫，当庭宣判王某无罪。

## 2.危急时刻避重就轻 紧急避险法律规定

**案例：** 侯某系某地长途客车司机。一日侯某驾驶客车由A城驶往B县，车上有50多名乘客，当行至一狭窄弯道处，发现前面一老农赶着一头耕牛迎面走来，赶忙刹车，突然发现刹车失灵，当时道路狭窄且一旁是山壁一旁是5米多的深堑，侯某只好大呼老农躲开，但最后还是挂伤了老农，系轻伤，并撞死了耕牛。本案中，侯某为保护全车旅客的安全，撞死了一头耕牛、致一名农民轻伤的行为属于紧急避险行为，依法不承担刑事责任，但应承担适当民事责任。

### 3. 杀夫罪大恶极本该处以死刑　因孕妇不适用死刑得以逃生

未成年人和孕妇犯罪不适用死刑权

**案例：** 朱某由父母包办，与邻村村民林某结婚。婚后，二人感情不和，朱某经常回娘家居住。后朱某爱上了同村青年郭某，遂产生杀死丈夫另嫁郭某的恶念。夜晚朱某到郭某家，劝郭某同去林家杀害林某。到达林家后，朱某用手电照亮，郭某用铁棍猛击林某的头部，将林某打死。之后，朱某、郭某二人将尸体装入麻袋，埋于村边树林中，并伪造了现场。两个月后，朱某、郭某二人被抓获归案。朱某被逮捕时，公安机关发现她已怀孕4个月。案件起诉到法院后，有的审判人员提出，朱某的行为已构成故意杀人罪，情节严重，论罪该死，可先判处其死刑，待分娩后执行。但一审法院最终依据《刑法》第49条的规定，未判处朱某死刑。最后，法院以故意杀人罪判处被告人朱某无期徒刑，剥夺政治权利终身。对郭某也以同罪判处了相应刑罚。

## 4. 曹某构成盗窃罪　因自首从宽处罚

**案例**：曹某在从事井下作业下班后，趁同事申某洗澡之际，将其存放在澡堂内的衣服盗走，内装现金2140元和价值1440元手机一部。第二天，曹某突然良心发现，深感对不起患难与共的申某，于是便到公安机关投案自首，并将赃物主动退还给同事申某。法院经审理认为，被告人曹某以非法占有为目的，秘密窃取他人财物，其行为已构成盗窃罪。但其在犯罪后能到公安机关投案并如实供述自己的犯罪事实，系自首，应当减轻处罚。于是对其判处拘役3个月，并处罚金2000元。

## 5. 合同签订不履行本该受罚　特大水灾意外发生享免责权

**案例：** 某农贸市场与某瓜菜基地签订一份购销合同，约定在下半年由该基地提供各式蔬菜共150吨。哪知合同签订不久，即发生特大水灾，致使基地受淹将近一个多月，基地设施全部被毁，无法再进行生产。基地向农贸市场说明情况，并要求解除合同。本案中基地遭遇特大水灾，致使其不能履行合同义务，基地依法可解除与农贸市场的合同，且无须承担违约责任。

【专家点评】

在一些特殊情况下，行为人对特定对象实施侵害行为造成损害，但如果从整体性去考察该案件事实时，会发现该行为在损害某种法益的同时，保护了同等甚至更为重要的法益，进而最终认为该行为不应当受到法律的制裁，比如正当防卫、紧急避险等。正当防卫指的是为了保护国家、公共利益、本人或者他人的人身、财产和其他权利免受正在进行的不法侵害，采取对不法侵害人造成或者可能造成损害的方法制止不法侵害的行为。构成正当防卫必须同时具备五个条件：（1）必须存在现实的不法侵害行为；（2）不法侵害必须正在进行；（3）行为人必须有防卫意识；（4）必须针对不法侵害人本人进行防卫；（5）防卫的结果必须没有明显超过必要限度造成重大损害。如果不符合上述构成要件，则可能会出现防卫不适时、防卫过当等情形，都需要承担刑事责任。我国刑法针对正在进行行凶、杀人、抢劫、强奸、绑架以及其他严重危及人身安全的暴力犯罪，规定了特殊的正当防卫，也称无过当防卫、无限防卫，在这种情况下，防卫人的防卫行为造成不法侵害人伤亡的，不负刑事责任。案例1中就是这种情况。紧急避险指的是为了国家、公共利益、本人或者他人人身、财产和其他权利免受正发生的危险，不得已损害另一较小或者同等法益的行为。紧急避险也同样应当同时具备五个条件：（1）必须发生了现实危险；（2）必须是正在发生的危险；（3）必须出于不得已损害另一法益；（4）主观上必须具有避险意识；（5）必须没有超过必要限度造成不应有的损害。紧急避险造成不应有的损害后果的，应当负刑事责任，但应当减轻或者免除处罚。但是紧急避险不适用于职务上、业务上负有特定责任的人。如军人必须参加战斗、消防队员必须扑救大火等，这些人员则不适用关于避免本人危险的规定。

我国刑法没有废除死刑，但严格控制死刑的适用范围，只针对罪行极其严重的犯罪人员适用死刑。同时基于法律对特殊人群进行特殊保护的理念，我国刑法特别规定了不管所犯罪行如何严重，对审判时怀孕的妇女以及未满18周岁的人不适用死刑。所谓审判的时候怀孕的妇女是指从羁押到执行的各个诉讼阶段中怀孕的妇女，而不是仅指在法院审理阶段怀孕的妇女。对审判的时候怀孕的妇女不适用死刑的规定，体现了社会主义的人道主义精神和对母婴的特殊保护。即使被告人在关押期间做人工流产的，也应视为审判的时候怀孕的妇女，不能判处死刑，更不能为了判处死刑而强制怀孕的被告人做人工流产。所谓不适用死刑,既指不能判处死刑立即执行,也指不能判处死刑缓期执行。

为了鼓励犯罪者投案自首,节约司法资源,我国刑法规定了自首制度。自首指的是犯罪以后自动投案,如实供述自己罪行的行为。另外,被采取强制措施的犯罪嫌疑人、被告人和正在服刑的罪犯,如实供述司法机关还未掌握的本人其他罪行的,以自首论。对于自首的犯罪分子,可以对其从轻或者减轻处罚,其中犯罪较轻的,可以免除处罚。另外,刑法还规定,对于不具有自首情节的,但是如实供述本人罪行的,可以从轻处罚,因其如实供述自己罪行避免特别严重后果发生的,可以减轻处罚。

合同必须履行,但在合同履行过程中遇到法定事由可以解除合同,其中一种情况就是不可抗力。不可抗力指的是不能预见、不能避免并不能克服的客观情况,如地震、水灾、台风等。我国《合同法》规定在合同履行过程中如果遭遇不可抗力时,可以由当事人行使解除权解除合同,除法律规定特殊程序外,主张解除的一方以通知方式解除合同,如果双方有争议,则应通过法院或者仲裁确认解除的效力。在遭遇不可抗力解除合同过程中双方当事人应当互相配合,积极采取救济措施,避免损失扩大。

【相关链接】

● 正当防卫权的法律依据

《刑法》第20条第1款规定:"为了使国家、公共利益、本人或者他人的人身、财产和其他权利免受正在进行的不法侵害,而采取的制止不法侵害的行为,对不法侵害人造成损害的,属于正当防卫,不负刑事责任。"

《民法通则》第128条规定"因正当防卫造成损害的,不承担民事责任。正当防卫超过必要限度,造成不应有的损害的,应当承担适当的民事责任。"

● 紧急避险权的法律依据

《刑法》第21条规定:"为了使国家、公共利益、本人或者他人的人身、财产和其他权利免受正在发生的危险，不得已采取的紧急避险行为，造成损害的，不负刑事责任。紧急避险超过必要限度造成不应有的损害的，应当负刑事责任，但是应当减轻或者免除处罚。第一款中关于避免本人危险的规定，不适用于职务上、业务上负有特定责任的人。"

《民法通则》第 129 条规定："因紧急避险造成损害的，由引起险情发生的人承担民事责任。如果危险是由自然原因引起的，紧急避险人不承担民事责任或承担适当的民事责任。因紧急避险采取措施不当或者超出必要的限度，造成不应有损害的，紧急避险人应承担适当的民事责任。"

● 未成年人和孕妇犯罪不适用死刑权的法律依据

《刑法》第 49 条第 1 款规定："犯罪的时候不满十八周岁的人和审判的时候怀孕的妇女，不适用死刑。"

《刑事诉讼法》第 251 条第 1 款规定："下级人民法院接到最高人民法院执行死刑的命令后，应当在七日以内交付执行。但是发现有下列情形之一的，应当停止执行，并且立即报告最高人民法院，由最高人民法院作出裁定：……（三）罪犯正在怀孕。"

● 自首、立功者从宽处罚权的法律依据

《刑法》第 67 条第 1、2 款规定："犯罪以后自动投案，如实供述自己的罪行的，是自首。对于自首的犯罪分子，可以从轻或者减轻处罚。其中，犯罪较轻的，可以免除处罚。被采取强制措施的犯罪嫌疑人、被告人和正在服刑的罪犯，如实供述司法机关还未掌握的本人其他罪行的，以自首论。"第 68 条规定："犯罪分子有揭发他人犯罪行为，查证属实的，或者提供重要线索，从而得以侦破其他案件等立功表现的，可以从轻或者减轻处罚；有重大立功表现的，可以减轻或者免除处罚。"

● 意外事件免责权的法律依据

《民法通则》第 129 条规定："因紧急避险造成损害的，由引起险情发生的人承担民事责任。如果危险是由自然原因引起的，紧急避险人不承担民事责任或者承担适当的民事责任。因紧急避险采取措施不当或者超过必要的限度，造成不应有的损害的，紧急避险人应当承担适当的民事责任。"

　　《合同法》第118条规定："当事人一方因不可抗力不能履行合同的，应当及时通知对方，以减轻可能给对方造成的损失，并应当在合理期限内提供证明。"

# 三、公民财产权利

公民财产权利直接关系公民的生存权,包括公民财产的所有权、共有权、建筑区分权、相邻权、抵押权、质权、留置权、占有权、债权、赠与撤销权、不当得利债权、无因管理债权、继承权、代理权等。《物权法》中规定的所有权制度、用益物权制度和担保物权制度,是社会主义市场经济体制的基本制度。它的制定和实施,对于激发全社会的创造活力具有重要意义。在法治国家,公民私有财产权通常被视为公民最重要的权利之一,它与生命权、自由权一起并称为公民的三大基本权利。

## 1. 轿车所有权人是谁 法律判决谁出资谁所有

**案例：** 某市水产公司欲购买两辆桑塔纳轿车，向有关部门提出申请以后一直未获得批准。该公司因办公急需轿车，便由该公司的办公室主任李某出面，以其个人名义以公款购买两辆桑塔纳轿车，共花费35万元。该款全部由水产公司直接向该市汽车销售公司转账支付。在交付车辆后，水产公司将两辆车都以李某的名义办理了所有权登记。半年后，李某下海经商，将这两辆车带走，一辆留作自用，另一辆以10万元价格转让给张某并办理了所有权过户登记。在转让时，李某表示该车是个人购买的，并出示了有关权利凭证。单位与个人因所有权问题诉诸法律。法院审理后认为，本案李某并非两辆车的真正权利人，即车的所有权人不是李某，而是其单位，所以，李某应返还留作自用的那辆车。其次，所有权登记具有公信力，张某基于此而购买，是善意取得，法律应保护这种交易，所以转让是有效的，水产公司不能向张某主张返还车辆，而应追缴李某出让而获取的车款。

## 2. 小区地下停车位使用引争议 诉诸法律争得建筑物区分所有权

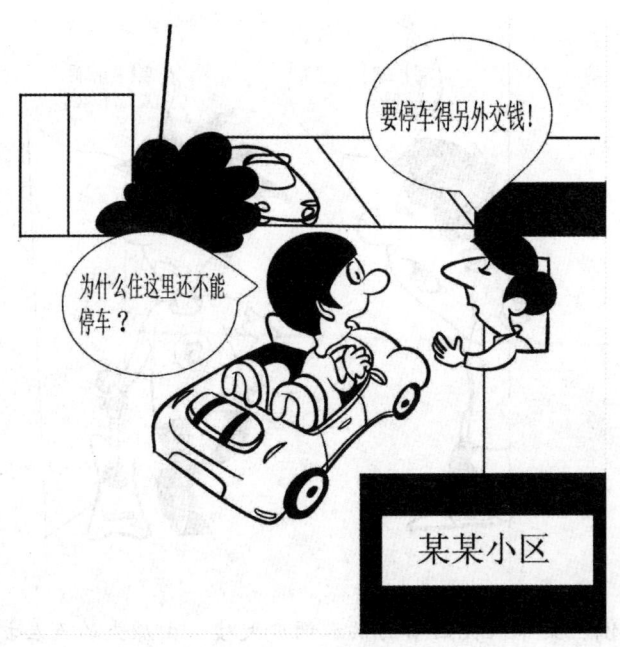

**案例：** 某高档住宅小区，市规划局以《建筑工程规划设计要点通知书》形式，要求开发商规划建筑应按机动车0.2车位/户、非机动车2车位/户配建停车库。小区建成后共有59个机动车泊位。开发商在销售住宅时也承诺：小区配建地下车库供业主停车。但业主们入住后却发现，只有购买车位才能取得停车权。开发商以至少8万元的单价卖掉了其中的37个车位，其余车位则被小区物管公司以每月250元的租金租了出去。结果，该小区业主委员会向区人民法院起诉开发商，请求法院判决确认该小区地下停车库的占有、使用、收益、处分的权利归全体业主所有。法院判决：开发商将小区地下停车库移交给小区业主委员会管理，并由全体业主享有地下停车库的权益。

## 3. 相邻权益受侵害　讨回采光通风权

**案例**：某市人民西路的供水调度大楼，由原先的五层扩建至十三层后，北面的棉花巷部分居民的室内采光、通风受到较大影响，并且由于一至三层出租后变作商用，噪声有所增加。居民多次向有关部门反映，始终未能得到妥善解决，因而37户居民向法院起诉，要求被告供水调度大楼所有权单位停止侵害、排除妨碍、恢复原告采光权和通风权，或赔偿原告损失。人民法院受理此案并委托有关部门分别对各家在大寒日是否受到阳光照射进行测定。测量结果，确定10户在"大寒日连续日照小于2小时"与供水调度大楼建设间距存在因果关系，其中有2户的日照少于1小时，有8户的日照在1至2小时之间。其余当事人虽有连续日照小于2小时，但与供水调度大楼建设间距不存在因果关系，或者与供水调度大楼建设间距存在因果关系但连续日照大于2小时（已符合国家标准）等。

因此，法院驳回了 25 户的诉讼请求；对于 8 户日照在 1 至 2 小时之间的经调解达成协议：按每平方米 600 多元的标准补偿；对于 2 户日照少于 1 小时的，法院按每平方米约 800 元的标准补偿作出了判决。

## 4. 一间房屋买卖引争议  因为涉及财产共有权

**案例**：梁某有三个儿子梁甲、梁乙与梁丙。梁某去世时留下房屋一间，大儿子梁甲为了独吞家产，趁两个弟弟出差未归之际，托关系办了房产证，转移了房屋所有权，谎称该房屋是自己一个人所有，并将房屋卖与陈某。梁乙、梁丙回来后，见自家的房屋已经住了别人，大为吃惊。问明情况后，两人便找陈某，要求他退还房屋。陈某认为自己买房履行了合法手续并办理了登记，人都住进来了，哪能退呢？依据民法的规定，在共同共有关系存续期间，部分共有人擅自处分共有财产的,应认定无效。但第三人善意有偿取得该财产的,应当维护第三人合法权益;对其他共有人的损失,由擅自处分共有财产的共有人赔偿。最后法院判决本案第三人陈某是"有偿"取得的财产,且陈某并不知道该房屋非梁甲一人所有,故购买房屋的协议有效,陈某享有对房屋的所有权;但梁甲托关系办房产证、偷卖房屋,是擅自处理共同共有财产的行为,损害了梁乙、梁丙的合法权益,应由梁甲赔偿梁乙、梁丙所受损失。

## 5. 土地承包经营权受侵害　法律判决停止侵权赔偿损失

**案例**:吴某等6人分别同其所在的村委会签订了土地承包合同,约定将从该村宋庄组流转出来的130亩土地分别承包给6名原告,并约定了各人承包地的亩数和范围,每人承包期为15年。2004年夏季,由于国家对土地政策的调整,农民种地的收入有所

提高，于是宋庄组 69 户村民联合起来，以原告与村里签订的承包合同无效、该土地是其组里的为由，将 6 名原告承包的土地重新丈量分到各户，6 名原告中有 5 人也各分到了 1 份，另一原告则实际耕种了 7 亩。69 位被告的行为给原告造成了较大的经济损失，经协商未果，6 名原告于 2005 年 6 月将 69 户村民告上法庭，要求返还土地并赔偿损失 6 万元。法院审理后认为，6 名原告与村里签订的土地承包合同并没有违反法律规定，是有效的。69 户村民无视合同的效力，将流转出去已承包给 6 名原告的土地又强行收回统一分配，侵犯了原告的土地承包经营权，并给原告造成了一定经济损失，结合本案实际，可酌情赔偿 4.5 万元。原告要求被告返还承包土地、停止侵权并赔偿损失的诉讼请求成立。据此，法院作出判决：被告宋某、彭某等 69 户村民立即停止耕种原告承包的 123 亩土地，并连带赔偿原告吴某等 6 人经济损失 4.5 万元。

【专家点评】

所有权是指所有权人依法对自己的财产享有占有、使用、收益和处分的权利。所有权是绝对权，不需要他人积极行为，只要他人不加干预即可实现权能；所有权具有排他性，在同一物上只能存在一个所有权；同时所有权也是一种最完全的物权，它包括了对物的占有、使用、收益、处分全部权能，其他物权都是基于所有权而派生出来的权利。物的所有权可以通过买卖合同实现转让，出卖人转移财产的所有权，买受人按照合同支付价款。机动车是动产，其所有权的转移以交付为标志，虽然我国对机动车实行登记制度，但登记证明不是权属证明。在案例 1 中，水产公司是实际的付款人，李某只是出面购买，并不是实际的购买人，他不享有轿车的所有权。同时为了保护交易的安全，我国法律还规定了善意取得制度，即原物由占有人转让给善意第三人（即不知占有人为非法转让而取得原物的第三人）时，善意第三人一般可取得原物的所有权，所有权人不得请求善意第三人返还原物。因此张某基于信任车辆登记而出资购买，是善意取得，享有所有权。

建筑物区分所有权人（业主），对建筑物内的住宅、商业用房等专有部分享有所有权，对专有部分以外的共有部分享有共有和共同管理的权利。业主对建筑物内的住宅、商业用房等专有部分享有所有权，对专有部分以外的共有部分享有共有和共同管理的权利。建筑区划内的绿地、道路以及物业管理用房属于业主共有，但属于市政建设的除外。会所、车库的归属，有约定的，按照约定；没有约定或者约定不明确的，除建设单位等能够证明其享有所有权外，属于业主共有。这一规定将有利于解决业主与开发商、物业公司之间的矛盾，减少物业纠纷。业主可以通过业主委员会具体行使区分所有权及其收益。

相邻权是指相互毗邻的不动产所有人或占有使用人在各自行使自己的合法权利时，都要尊重他方所有人或者使用人的权利，相互间应当给予一定的方便或者接受一定的限制。相邻权是所有权的延伸，它是基于不动产所有权产生的权利。相邻权的主要内容有：相邻土地使用权、用水排水截水权、土地通行权、防险权、环保权、通风采光权等。不动产相邻权利人应当按照有利生产、方便生活、团结互助、公平合理的原则处理相邻关系。案例3中，供水调度大楼扩建后，给与大楼相邻的建筑物中部分业主采光权造成了影响，依法应当承担赔偿责任。

财产共有权是指两个以上的公民、法人对同一财产共同享有占有、使用、收益和处分的权利。处分共有的不动产或者动产以及对共有的不动产或者动产做重大修缮的，应当经占份额2/3以上的按份共有人或者全体共同共有人同意，但共有人之间另有约定的除外。共有分为按份共有和共同共有，按份共有的共有人可以转让属于自己的份额，但其他共有人享有同等价格优先购买权。共同共有财产的出让应当经全体共有人同意，否则应当对给其他共有人造成的损失承担赔偿责任。

土地承包经营权是指农村集体经济组织或农村承包经营户依照承包合同的规定，对集体所有的或者国家所有的由集体使用的森林、山岭、草原、荒地、滩涂、水面等资源享有的占有、使用和收益的权利。土地承包经营权人依法有权对其承包经营的耕地、林地、草地等占有、使用和收益。土地承包经营权人可以依照法律规定将土地承包经营权转包、出租、互换、转让等。征收承包期内的土地的,应当对土地承包经营权人给予合理补偿。解决土地承包经营权纠纷的正确处理方式:首先是由农村基层组织和承包合同管理部门调解处理。当事人对调解处理不服的可向人民法院起诉,人民法院应当依法受理。由于有些农村承包合同的履行因受自然条件的制约,季节性很强,因此,人民法院对此类合同纠纷要及时立案,尽快审理,必要时可裁定先恢复生产,然后再解决纠纷。

【相关链接】
●所有权的法律依据

《民法通则》第71条规定:"财产所有权是指所有人依法对自己的财产享有占有、使用、收益和处分的权利。"第75条规定:"公民的个人财产,包括公民的合法收入、房屋、储蓄、生活用品、文物、图书资料、林木、牲畜和法律允许公民所有的生产资料以及其他合法财产。公民的合法财产受法律保护,禁止任何组织或者个人侵占、哄抢、破坏或者非法查封、扣押、冻结、没收。"

《物权法》第39条规定:"所有权人对自己的不动产或者动产,依法享有占有、使用、收益和处分的权利。"

●建筑物区分所有权的法律依据

《物权法》第70条规定:"业主对建筑物内的住宅、经营性用房等专有部分享有所有权,对专有部分以外的共有部分享有共有和共同管理的权利。"第73条规定:"建筑区划内的道路,属于业主共有,但属于城镇公共道路的除外。建筑区划内的绿地,属于业主共有,但属于城镇公共绿地或者明示属于个人的除外。建筑区划内的其他公共场所、公用设施和物业服务用房,属于业主共有。"第74条规定:"建筑区划内,规划用于停放汽车的车位、车库应当首先满足业主的需要。建筑区划内,规划用于停放汽车的车位、车库的归属,由当事人通过出售、附赠或者出租等方式约定。占用业主共有的道路或者其他场地用于停放汽车的车位,属于业主共有。"

● 相邻权的法律依据

《民法通则》第83条规定:"不动产的相邻各方,应当按照有利生产、方便生活、团结互助、公平合理的精神,正确处理截水、排水、通行、通风、采光等方面的相邻关系。给相邻方造成妨碍或者损失的,应当停止侵害、排除妨碍、赔偿损失。"

《物权法》第86条规定:"不动产权利人应当为相邻权利人用水、排水提供必要的便利。对自然流水的利用,应当在不动产的相邻权利人之间合理分配。对自然流水的排放,应当尊重自然流向。"

● 财产共有权的法律依据

《民法通则》第78条规定:"财产可以由两个以上的公民、法人共有。共有分为按份共有和共同共有。按份共有人按照各自的份额,对共有财产分享权利,分担义务。共同共有人对共有财产享有权利,承担义务。按份共有财产的每个共有人有权要求将自己的份额分出或者转让。但在出售时,其他共有人在同等条件下,有优先购买的权利。"

《物权法》第97条规定:"处分共有的不动产或者动产以及对共有的不动产或者动产作重大修缮的,应当经占份额三分之二以上的按份共有人或者全体共同共有人同意,但共有人之间另有约定的除外。"

● 土地承包经营权的法律依据

《民法通则》第80条第2款规定:"公民、集体依法对集体所有的或者国家所有由集体使用的土地的承包经营权,受法律保护。承包双方的权利和义务,依照法律由承包合同规定。"

《土地管理法》第14条第1款规定:"农民集体所有的土地由本集体经济组织的成员承包经营,从事种植业、林农、畜牧业、渔业生产。土地承包经营期限为三十年……农民土地承包经营权受法律保护。"

《物权法》第 125 条规定："土地承包经营权人依法对其承包经营的耕地、林地、草地等享有占有、使用和收益的权利，有权从事种植业、林业、畜牧业等农业生产。"

# 四、公民知识产权

　　知识产权是公民、法人或非法人单位在科学技术和文学艺术等领域内所创造的知识产品依法所享有的权利。主要包括专利权、商标权、著作权（版权）等。

　　知识产权的价值主要体现在它可以带来巨大的收益。也就是说，一旦你拥有的某项知识产权如专利权、商标权、版权或者技术秘密等得到应用，那么就会产生经济效益，这就是知识产权带来的财富。世界上有许多著名商标都具有巨大的价值。2000年世界知名品牌价值第一的"可口可乐"，价值达到726亿美元；微软公司名列第二，品牌价值702亿美元；国内价值最高的"红塔山"品牌价值达到439亿人民币；世界知名快餐企业"麦当劳"凭借它的品牌，在全世界开了数万家加盟连锁店，造就了无数的百万富翁……可以说，这些知名品牌的价值，往往是有形资产所无法比拟的。所以，有人说，商品有价，商标无价。商标本身就代表市场竞争力，是一种无可替代的财富。知识产权其实就是用法律手段来占有知识资源。知识产权最重要的特点之一就是专有性，也就是说，权利人取得了知识产权以后，除了权利人同意或法律另有规定外，权利人以外的任何人都不得拥有或使用该项权利，否则就构成侵权，要受到法律的制裁。

## 1. 使用版画未经许可 原告起诉索赔维权

**案例**：浙江绍兴鲁迅故里广场，一面3米多高的景墙上印着大幅雕像：鲁迅先生手持香烟，凝视远方。多年来，这幅图已成为绍兴的象征。但《鲁迅》版画的作者、中国美术学院教授李某某以该景墙侵犯了他的著作权为由起诉至法院。结果，在浙江省高级人民法院的主持下，该案原、被告最终达成调解协议。由该画制作有限公司向李某某书面赔礼道歉，一次性支付赔偿金25万元，并在墙上刻上作者的署名。

## 2. 侵害录音制作版权 承担侵权民事责任

案例：北京喜洋洋公司作为田某演唱曲目录音制品的制作者，对田某演唱的专辑《震撼》《未了情》中的曲目享有录音制作者权，并出版发行了CD光盘。2004年4月，喜洋洋公司发现市场上正在销售的《田某 一个爱不后悔的女人》的录音制品使用了上述专辑中的10首歌曲，侵害了录音制作者权。经查，其SID码为旭日公司所有，ISRC码为辽宁文化艺术音像出版社所有。喜洋洋公司认为，旭日公司、辽宁文化艺术音像出版社侵害了自己的录音制作者权，请求法院判令两被告停止侵权、赔偿经济损失15万元，并承担原告为本案支出的合理费用2000元。法院经审理认为：喜洋洋公司所享有的录音制作者权应当受到法律的保护。被告旭日公司未经原告喜洋洋公司的许可，复制了包含《爱不后悔》《我知道》等10首歌曲在内的CD光盘，其行为侵害了原告的录音制作者权，应当承担停止侵权、赔偿损失的民事责任。北京市第二中级人民法院审结此案，判决旭日光盘公司立即停止复制、发行涉案"震撼 田某"CD光盘；赔偿喜洋洋公司损失2万元和因诉讼支出的合理费用 500 元。

## 3. 侵害商标专用权 承担经济赔偿责任

**案例**：2003 年 11 月 7 日，经国家工商局商标局核准，蓝莲花文化艺术公司受让取得了注册号为第 1647906 号、名称为"蓝莲花 THE BLUE LOTUS"的注册商标的专有使用权，成为该注册商标的合法注册人。该商标核定使用商品为咖啡馆、酒吧、鸡尾酒会服务和茶馆。2004 年初，原告经调查发现，被告兰莲花坊餐饮公司未经许可，擅自在位于本市西城区地安门西大街 51 号 - 6 其经营的咖啡店，使用了原告的注册商标"蓝莲花"和类似于原告注册商标的标识"LOTUS BLUE"。原告请求法院判令被告：（1）立即停止侵权，在《北京晚报》上公开赔礼道歉，消除影响；（2）赔偿原告经济损失 10 万元；（3）承担本案全部诉讼费。

法院经审理认为：被告在酒水单、宣传单上使用中文"蘭莲花"与英文"LOTUS BLUE BAR"的组合标识，系未经商标注册人原告的许可，在同一种服务上使用与原告注册商标相近似的商标，其行为违反了商标法的规定，使普通消费者对其服务来源产生误认，造成混淆，侵犯了原告的商标专用权。被告在其经营的咖啡馆酒水单、宣传单上使用中文"蘭莲花"与英文"LOTUS BLUE BAR"的组合标识，侵害了原告的注册商标专用权，被告应当承担侵权责任，包括停止侵权行为、消除影响、赔偿因其侵权行为给原告造成的经济损失。鉴于原告未将其注册商标用于实际经营，也未提交索赔数额的客观依据，故对其 10 万元的赔偿请求不予全部支持。北京市第一中级人民法院依据被告实施侵权行为的时间、主观情节和后果，酌情确定赔偿数额。因原告主张的商标专用权是一种财产权，故其要求公开赔礼道歉的诉讼请求于法无据，不予支持。最终判决被告赔偿原告经济损失 2 万元。案件受理费 3510 元，由被告负担。

## 4. 使用已有公知技术 专利侵权不成立

**案例：** 原告陈某于1991年1月27日向国家专利局申请发明专利"刺绣品的彩化工艺方法"，于1994年4月6日授权公告，专利号为 ZL91100595.1。1996年3月，陈某与新羽厂签订联合开发彩绣领带协议书，许可新羽厂在台州市范围内独家使用该发明专利制造领带产品。被告神风制造、销售了基线绣迹染色彩化领带，构成了对陈某拥有专利权的侵犯，也构成了对新羽厂拥有独家使用权的侵犯。陈某及新羽厂请求一审法院判令：神风厂立即停止使用涉案专利，并立即停止使用、销售以该专利方法直接获得的产品，并赔偿损失5万元；神风厂应当在省级报刊上刊登道歉声明，公开向陈某及新羽厂赔礼道歉，由神风厂承担本案诉讼费用；由神风厂支付陈某、新羽厂支付的调查取证费、律师费1.3万元。一审法院审理查明：陈某发明了刺绣品的彩化工艺方法，并于1991年1月27日申请发明专利。国家专利局于1994年2月20日授予其发明专利权，专利号为ZL91100595.1。该发明专利独立权利要求为：刺绣品的彩化工艺方法，用基线在面料图案上刺绣，其特征在于用染色液对基线绣迹进行染色彩化，再干燥固定。1996年12月起，神风厂采用与陈某专利技术相同的方法对其生产领带中的图案进行染色彩化。法院认为：神风厂刺绣品彩化工艺方法系民间传统工艺，属涉案专利申请日之前的（自由公知）技术，神风厂使用申请日前自由公知技术不构成对陈某专利权的侵犯，陈某要求神风厂承担侵权责任的理由不能成立。神风厂提出"其使用公知技术并未侵犯陈某的专利权"的上诉理由成立，予以支持。

## 5. 侵犯商业秘密　追究法律责任

**案例：** 王某、刘某、秦某原系深圳华为技术有限公司光网络产品的研发人员，并与华为公司签署了保密协议。2001年11月，王某、刘某、秦某等人先后辞职，并带走了华为公司的大量商业秘密，在上海成立了上海沪科公司。沪科公司使用华为公司的光传输技术开发出与华为公司相同的产品，已销售到黑龙江佳木斯等地，该行为涉嫌侵犯华为公司商业秘密。华为公司向警方举报，并配合警方进行了调查。公安机关经过侦查，掌握了确凿的证据，并且将本案的关键证据递交国家级权威鉴定机构进行鉴定，确定王某、刘某、秦某等人盗窃、使用华为公司商业秘密，造成华为公司重大经济损失的犯罪事实。公安机关依法对上述三名犯罪嫌疑人先后采取拘留、监视居住措施。2003年6月，经检察机关批准，公安机关将王某、刘某、秦某正式逮捕，进入司法程序。

【专家点评】

著作权人有在自己创作的作品上注明自己的名字、名称的权利,作者是个人的,还可以注明自己的笔名。法人或其他组织创作的作品,作者是法人或者其他组织,但是该创作仍是由具体个人所创作,因此,署名权仍归具体创作的个人所有。署名权属著作权人的人身权利范畴,其权利不能转让、抵押、继承、赠与,一部作品创作的署名权归创作人永远享有,如小说《祥林嫂》的署名权永远归鲁迅所有。著作权人创作的作品署名发表后,改编、翻译、注释、整理已有作品而产生的新作品的著作权归改编、翻译、注释、整理人所有,但在行使著作权时不得侵犯原作品的著作权。

邻接权,又称作品传播者权,是指与著作权相邻近的权利。侵犯邻接权的行为主要有:未经表演者许可,现场直播其表演;出版他人享有专有出版权的图书;未经表演者许可,对其表演制作录音录像予以出版;未经录音录像制作者许可,复制发行其制作的录音录像;未经广播电台、电视台许可,复制发行其制作的广播电视节目等。对此,权利人可采取以下方法维护其合法权益:一是请求行政保护。权利人可以向版权管理机构提出请求追究侵害人责任。行政管理部门可视情节轻重,罚款1万至10万元或者总定价的2倍至5倍。二是请求民事保护。向侵权行为地或被告住所地的人民法院起诉,要求追究侵权人的民事责任。三是请求刑事保护。依法追究侵权人的刑事责任,严厉打击严重侵犯知识产权的犯罪活动。

注册商标所有人对其注册商标享有独占使用权。因侵犯注册商标专用权行为引起纠纷的,由当事人协商解决;不愿协商或者协商不成的,商标注册人或者利害关系人可以向人民法院起诉,也可以请求工商行政管理部门处理。工商行政管理部门处理时,认定侵权行为成立的,责令立即停止侵权行为,没收、销毁侵权商品和专门用于制造侵权商品、伪造注册商标标识的工具,并可处以罚款。当事人对处理决定不服的,可以自收到处理通知之日起15日内依照行政诉讼法向人民法院起诉;侵权人期满不起诉又不履行的,工商行政管理部门可以申请人民法院强制执行。进行处理的工商行政管理部门根据当事人的请求，可以就侵犯商标专用权的赔偿数额进行调解；调解不成的，当事人可以依照民事诉讼法向人民法院起诉。对侵犯注册商标专用权的行为，工商行政管理部门有权依法查处；涉嫌犯罪的，应当及时移送司法机关依法处理。

专利权是一种专有权，一旦超过法律规定的保护期限，就不再受法律保护。法律规定不视为侵犯专利权的情形有：（1）专利权人制造、进口或者经专利权人许可而制造、进口的专利产品或者依照专利方法直接获得的产品售出后，使用、许诺销售或者销售该产品的；（2）在专利申请日前已经制造相同产品、使用相同方法或者已经做好制造、使用的必要准备，并且仅在原有范围内继续制造、使用的；（3）临时通过中国领陆、领水、领空的外国运输工具，依照其所属国同中国签订的协议或者共同参加的国际条约，或者依照互惠原则，为运输工具自身需要而在其装置和设备中使用有关专利的；（4）专为科学研究和实验而使用有关专利的。为生产经营目的使用或者销售不知道是未经专利权人许可而制造并售出的专利产品或者依照专利方法直接获得的产品，能证明其产品合法来源的，不承担赔偿责任。

商业秘密保护权就是公民拥有不为公众所知悉，能为自己带来经济利益，具有实用性的技术信息和经营信息，在本人采取了一定保密措施后享有请求司法保护的权利。商业秘密与专利权的区别在于：专利权要求权利人在申请专利时，必须是没有同样的技术发明、实用新型、外观设计在国内外出版物公开发表过；但商业秘密并不排除权利人外，在国内外绝对无人知道，而是未在本行业内被公开或众所周知。商业秘密的"不为公众所知悉"还表现在它能充分实现其商业价值而成为权利人的商业秘密。侵犯商业秘密的行为可以通过民事诉讼要求赔偿，对于造成严重损失的，也可以请求司法机关按照刑法的规定追究其侵犯商业秘密罪的刑事责任。但是由于商业秘密的认定以及侵权行为对受害方造成的损害不易计算，所以在现实生活中要追究侵权者的责任还是具有较大困难的，这就需要商业秘密的权利人从企业管理上加强内部管理,加大自我保护力度。

**【相关链接】**

●著作权的法律依据

《民法通则》第 94 条规定:"公民、法人享有著作权(版权),依法有署名、发表、出版、获得报酬等权利。"

《著作权法》第 10 条第 1 款规定:"著作权包括下列人身权和财产权:(一)发表权,即决定作品是否公之于众的权利;(二)署名权,即表明作者身份,在作品上署名的权利……"第 35 条规定:"出版、改编、翻译、注释、整理、汇编已有作品而产生的作品,应当取得改编、翻译、注释、整理、汇编作品的著作权人和原作品的著作权人许可,并支付报酬。"

●商标专用权的法律依据

《民法通则》第 96 条规定:"法人、个体工商户、个人合伙依法取得商标专用权受法律保护。"

《商标法》第 57 条规定:"有下列行为之一的,均属侵犯注册商标专用权:(一)未经商标注册人的许可,在同一种商品上使用与其注册商标相同的商标的;(二)未经商标注册人的许可,在同一种商品上使用与其注册商标近似的商标,或者在类似商品上使用与其注册商标相同或者近似的商标,容易导致混淆的;(三)销售侵犯注册商标专用权的商品的;(四)伪造、擅自制造他人注册商标标识或者销售伪造、擅自制造的注册商标标识的;(五)未经商标注册人同意,更换其注册商标并将该更换商标的商品又投入市场的;(六)故意为侵犯他人商标专用权行为提供便利条件,帮助他人实施侵犯商标专用权行为的;(七)给他人的注册商标专用权造成其他损害的。"

●专利权的法律依据

《民法通则》第 97 条第 2 款规定:"公民对自己的发明或者其他科技成果,有权申请领取荣誉证书、奖金或者其他奖励。"

《专利法》第 12 条规定:"任何单位或者个人实施他人专利

的，应当与专利权人订立实施许可合同，向专利权人支付专利使用费。被许可人无权允许合同规定以外的任何单位或者个人实施该专利。"

● 商业秘密权的法律依据

《刑法》第219条规定："有下列侵犯商业秘密行为之一，给商业秘密的权利人造成重大损失的，处三年以下有期徒刑或者拘役，并处或者单处罚金；造成特别严重后果的，处三年以上七年以下有期徒刑，并处罚金：（一）以盗窃、利诱、胁迫或者其他不正当手段获取权利人的商业秘密的；（二）披露、使用或者允许他人使用以前项手段获取的权利人的商业秘密的；（三）违反约定或者违反权利人有关保守商业秘密的要求，披露、使用或者允许他人使用其所掌握的商业秘密的。明知或者应知前款所列行为，获取、使用或者披露他人的商业秘密的，以侵犯商业秘密论。本条所称商业秘密，是指不为公众所知悉，能为权利人带来经济利益，具有实用性并经权利人采取保密措施的技术信息和经营信息。本条所称权利人，是指商业秘密的所有人和经商业秘密所有人许可的商业秘密使用人。"

# 五、公民民主权利

民主权利是公民基本权利的重要组成部分。不断丰富公民民主权利内容，拓展民主权利范围，创新民主权利的实现形式，完善民主权利的保障制度，是当前中国民主法治建设的努力任务和方向。公民民主权利的内容是人民主权的具体表现，保障人民民主权利是国家确认和践行依法治国的必然要求。

## 1. 招聘限身高　依法寻平等

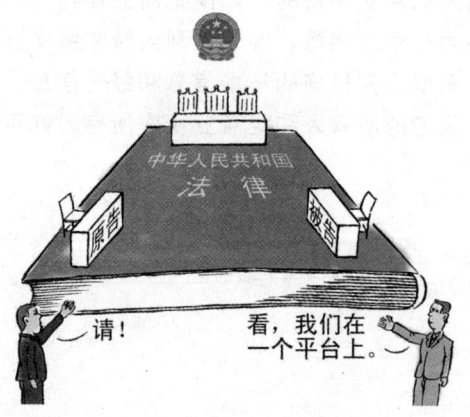

**案例**：2002年1月7日，四川大学学生蒋某一纸诉状将中国人民银行成都分行告上法庭，理由是该行招聘限制身高，违反了宪法关于"中华人民共和国公民在法律面前人人平等"的规定，侵犯了其担任国家机关公职的报名资格的权利。2002年5月21日，成都市武侯区人民法院对"蒋某诉人行成都分行招录行员行政诉讼"一案作出一审判决，裁定驳回了原告蒋某的起诉。该案受到社会各界的广泛关注，媒体竞相报道，被称为"中国宪法平等权第一案"。2002年,宁波大学历史系应届毕业生朱某某满怀热情地报名参加广东省公务员考试,没想到她领到的准考证却在一小时后被追回。原因是她的身高距1.5米差了2厘米,所以没有资格参加考试。而在湖南省益阳市公务员考试中发生的一个真实故事更是耐人寻味。25岁的男青年樊某某在当地公务员考试中,获得了综合成绩第一名。正当他以为胜券在握时,意想不到的事发生了。在面试以后的体检中,各方面合格的小樊身高被测出一个"精确"到小数点后第3位的数据——1.595米,离1.6米的标准差0.005米,因此小樊最终被淘汰出局。此后,国家招聘公务员考试取消了限定身高的规定。

## 2. 为"竞选"动用暴力　入牢房自酿苦果

**案例**:2014年,某村开始竞选村长。方某某为了当上村长煞费苦心,他一心想压倒竞争对手思某某。但由于思某某在村里威信很高,方某某找来了姐夫陈某,通过他纠集到张甲和张乙等人。方某某授意这些"打手",在其得票数低于思某某时就破坏选举。选举后思某某果然以高票当选。陈某、张甲就指使张乙等人持砍刀、斧头、木棍等物对着思某某劈头盖脸地打了下去,当思某某被打倒在地时,这些人还不肯住手。思某某最终被打得失血性休克,脑震荡,头皮裂伤,下颌、双上肢、前胸多处皮肤裂伤,多处软组织挫伤,经法医鉴定构成重伤。法院审理后认为:被告人方某某等人的行为构成了破坏选举罪(未遂)和故意伤害罪,应当数罪并罚。最终法院判决:对这起竞选暴力事件的主要责任人方某某、陈某、张甲、张乙等人分别处以不同刑期的有期徒刑,方某某本人被判有期徒刑3年6个月。

## 3. 宗教信仰无保障　恋爱结婚受干扰

**案例:** 汉族青年谢某与一回族女青年马某相恋,不久两人到婚姻登记机关领取了结婚证。正当他们准备举行婚礼的时候,马某和马某的父兄向谢某提出一个要求,要谢某必须信仰伊斯兰教。谢某不答应，马某的弟弟就纠集一些族内的人准备"好好教育"一下谢某，一时搞得剑拔弩张，难以收场。

## 4. 不畏强暴行使检举权　法律支持惩治施暴人

**案例**：荆门市一开发区工委宣传部副部长朱某检举原湖北省政府秘书长焦某情妇陈某的假党员、假学历、假干部身份问题，被陈某雇凶杀伤；举报人不畏强暴、锲而不舍继续举报，陈某终于落入法网，并由此牵出了曾任荆门市委书记的焦某涉嫌受贿百万余元和纵容、包庇情妇报复伤害举报人的案件。陈某造假问题暴露后，在

焦某的授意下,陈某决定对朱某下手。一天,朱某独自一人在街上行走,被一名事先隐藏在此的歹徒用匕首连刺5刀,经医院抢救住院一个多月。朱某伤愈出院后,便开始向各级纪检组织举报陈某造假谋官、买凶杀人及焦某纵容包庇陈某等诸多问题。陈某无法在开发区待下去了,便从1999年3月开始待在家里不上班,但却每月领着1000多元工资。尔后,刺伤朱某的凶手被抓获,供认了陈某雇其杀人的事实。后中纪委和省纪委联合专案组进驻荆门调查此案,焦某、陈某等人受到法律惩处。

## 5. 公民具有行政了解权(知情权) 不公开可能被诉行政不作为

**案例**:经郑州市城市规划局规划批准,郑州市停车管理服务有限公司(以下简称咪表公司)在郑州市区沿街道路上设置了3000多个咪表停车位。由于这些咪表停车位大量占用了慢车道、人行道甚至盲道,给市民出行带来很大不便,一些市民对此提出质疑,认为该规划违法。任某作为郑州市普通市民,从2005年年底开始关注咪表设置,一心想为市民"讨个说法"。他认为现在咪表设置存在的一系列问题的根源,是规划局在停车位规划中出现了错误。为了求证这些停车位是不是咪表公司擅自设立的，是否经过规划局审批，任某和律师先后到规划局和城建档案馆（系独立事业法人，行政上由市规划局主管，业务上受市档案局指导）查询该局为咪表公司颁发的停车位规划许可证文号及相关材料，但均被二被告以种种理由拒绝。任某认为，根据《行政许可法》及《郑州市政府信息公开规定》，作为城市建设规划的一部分，咪表停车位规划属于政府部门应当主动公开的信息。而作为一名守法市民，他依法享有获取政府信息的权利。二被告拒绝提供相关信息，这种"行政不作为"也同时侵犯了他的公民知情权。因此，原告任某要求二被告限期向原告提供郑州咪表停车位规划许可证及相关材料，供原告查阅。

2006年1月10日，任某状告郑州市城市规划局和城建档案馆"行政不作为"，说"要为公民知情权争一口气"，请求依法判令规划局和档案馆向其提供相关材料。2006年1月23日，郑州市中原区人民法院立案。2006年2月27日，郑州市中原区人民法院一审公开开庭审理了这起郑州市规划局、城建档案馆被诉行政不作为的行政案件。

## 6. 原告诉诸法律屡次被驳回　寻求的是抵制违法行政权

**案例：** 2005年2月20日，原告兰某驾驶同事黄某的车沿漳龙高速公路往漳州方向行驶，途经漳州高速B道时，漳州四大队的摄像拍下其行驶速度为每小时126公里。交警认为兰某超速行驶，作出罚款200元、扣3分的行政处罚决定。兰某认为漳龙高速公路的限速偏低，即使在视野良好的路段也限速每小时80公里，导致"高速公路不高速"。这种限速是否合理、科学，应经过科学论证并告知司机，而且限速标志不明显，使广大司机丧失了知情权，交警据此作出处罚决定不合法。兰某不服处罚，请求法院确认被告行为违法，并退回200元罚金。

法院经审理认为：交警处罚决定书的被处罚主体是黄某，该处罚行为与原告兰某无行政法上的利害关系，兰某不具有原告主体资格，法院驳回了兰某的起诉。兰某认为一审裁定认定事实不清、适用法律错误，上诉至漳州市中级人民法院。兰某在上诉状中称，虽然车主是黄某，但在交通违法处罚告知单上签字的是兰某,中国邮政汇款收据的汇款人也是兰某,处罚行为与兰某有行政法上的直接利害关系,兰某是客观的适格原告。但漳州市中级人民法院经审理认为,本案所诉的具体行政行为是漳州四大队对黄某作出处罚决定,并没有对兰某作出处罚,因此兰某与本案所诉的具体行政行为没有行政法上的利害关系,不具备原告主体资格,9月15日,漳州市中级人民法院作出终审裁定,驳回兰某的上诉。

两次被驳回,兰某十分郁闷:被告作出了撤销对车主黄某的处罚,那么黄某就不是原告,而我又不是适格的原告,不具备主体资格。可被告却收取了我交纳的200元罚款,那么请问在这200元的行政处罚的具体行政行为中,谁才是具有原告资格的行政相对人?谁来维护自己的合法权益?这就势必会出现法律上的空白。无奈之下,兰某另行起诉漳州四大队,请求法院依法判令被告返还向原告收取的200元。兰某诉称,两审法院均裁定他不具有原告主体资格,在此情况下,交警收了他200元罚款就没有了法律依据,所以要求被告将200元还给他。

【专家点评】

平等权是指公民依法享有权利和履行义务,不受任何差别对待,要求国家同等保护的权利。在我国,平等权应该表现为法律面前人人平等原则,具体内容包括:一是一国公民不分民族、种族、性别、职业、家庭出身、宗教习惯、教育程度、财产状况、居住期限,都一律平等地享有宪法和法律规定的权利,都平等地履行宪法和法律规定的义务。二是任何人的合法权益都一律平等地受到保护,对违法行为一律依法予以追究。三是在法律面前,不允许任何公民享有法律以外的特权,任何人不得强迫任何公民承担法律以外的义务,不得使公民受到法律以外的处罚。招录公务员除特种岗位外,设置身高限制实际上剥夺了低身高公民平等参与竞争、平等就业的权利。取消身高限制,体现了法治的进步。浙江省从2004年起招收国家公务员取消了身高限制。明确规定,除报考公安机关、监狱劳教单位人民警察要求男性身高在1.68米以上、女性身高在1.58米以上外，对报考其他所有公务员岗位人员取消身高限制。在美国等一些发达国家，有专门的《禁止就业身高歧视法》。依据这个法律，雇主在招收雇员时，既不能问雇员的身高，更不敢在广告中写明身高要求，而是根据"有无能力从事这项工作"决定取舍，否则就是违法。

具有中国国籍、享有政治权利、符合法定年龄，只要具备条件，并履行了相应的法律手续，就可以享有选举权和被选举权。非法剥夺公民的选举权和被选举权的属于侵权行为，严重的要负刑事责任。为了保障公民行使当家作主的神圣权利，不仅选举法专章规定了对各种破坏选举或妨碍选民自由行使选举权的违法犯罪行为的制裁，刑法进一步规定了破坏选举罪，并规定对这种犯罪行为要依法追究刑事责任，这些规定为保障选举的顺利进行和选民权利的实现提供了法律上的保障。

婚姻自由和宗教信仰自由是法律赋予公民的权利。依照婚姻自由的原则，法律并不限制不同民族男女之间的婚姻自由。但是，由于民族风俗习惯和宗教信仰的不同，作为非少数民族一方，应尊重少数民族一方的风俗习惯和宗教信仰；同样，作为少数民族一方，也应尊重非少数民族一方的习惯和自由，而不能因双方结婚就强迫对方信仰某种宗教。双方应从有利于民族团结、家庭和睦出发，互谅互让、求同存异，创造和谐的婚姻家庭关系。

批评建议、申诉、控告、检举权是公民最基本的政治权利，国家机关有责任保障公民这一权利的落实。申诉是对国家机关的处理、处罚或判决不服而提起，控告则是国家机关及其工作人员侵犯公民或法人的合法权益而引起。一方面公民应当依法如实进行申诉、控告、检举，不能诬告陷害他人，也不能缠访闹访；另一方面国家也应在制度和程序上加强对公民控告、申诉、检举等权利的保障，对于打击报告举报人的严格依法予以处理。

法律赋予公民知情权，既是依法保障公民监督政府及其部门依法履行职责的有力武器，也是新形势下对依法行政、科学民主决策要求的热烈响应，对政务公开和参与公众事务的积极要求。对社会事业项目、公益性项目建设，主动让群众参与前期决策，问情于民，问意于民，问计于民，广开言路，广纳民言，集纳民智，集聚民心，才能更好地保证科学决策。让群众参与重大事项的决策，最后由群众来监督评价，捍卫了群众知情权，也更有利于加快我国发展社会主义民主政治，构建社会主义和谐社会的步伐。

公民作为行政执法相对人有权依法对各种行政违法行为提出控告，享有受到公平、公正、合法对待的权利，以避免其本人合法权益和国家公共利益受到侵害。当前一些执法领域确实存在权力滥用和互相推诿扯皮的情况。有的执法部门对有利可图的执法争着去做，甚至发生部门之间的打架，对无利可图的执法就相互推诿，都说不归自己执法。从而使一些长期违法的事件得不到纠正。因此，公布执法权力清单和公民权利清单有着很大的现实意义。一是明确了执法主体，避免权力滥用和互相推诿扯皮的现象；二是把执行放在阳光之下，有利于监督；三是增加了执法部门责任意识，减少不必要的执法失误和野蛮执法。而法院作为权利救济的最终渠道不能简单地只讲形式，不问权利实质，给当事人带来讼累，而应当给予公民更多的救助。

**【相关链接】**
● 平等权的法律依据
《宪法》第 33 条第 2 款规定："中华人民共和国公民在法律面前一律平等。"
● 选举权和被选举权的法律依据
《宪法》第 34 条规定："中华人民共和国年满十八周岁的公民，不分民族、种族、性别、职业、家庭出身、宗教信仰、教育程度、财产状况、居住期限，都有选举权和被选举权；但是依照法律被剥夺政治权利的人除外。"
● 宗教信仰自由权的法律依据
《宪法》第 36 条规定："中华人民共和国公民有宗教信仰自

由。任何国家机关、社会团体和个人不得强制公民信仰宗教或者不信仰宗教，不得歧视信仰宗教的公民和不信仰宗教的公民。国家保护正常的宗教活动。任何人不得利用宗教进行破坏社会秩序、损害公民身体健康、妨碍国家教育制度的活动。宗教团体和宗教事务不受外国势力的支配。"

《刑法》第251条规定："国家机关工作人员非法剥夺公民的宗教信仰自由和侵犯少数民族风俗习惯，情节严重的，处二年以下有期徒刑或者拘役。"

● 批评建议、申诉、控告、检举权的法律依据

《宪法》第41条第1款规定："中华人民共和国公民对于任何国家机关和国家工作人员，有提出批评和建议的权利；对于任何国家机关和国家工作人员的违法失职行为，有向有关国家机关提出申诉、控告或者检举的权利，但是不得捏造或者歪曲事实进行诬告陷害。"

《刑事诉讼法》第108条第2款规定："被害人对侵犯其人身、财产权利的犯罪事实或者犯罪嫌疑人，有权向公安机关、人民检察院或者人民法院报案或者控告。"第14条第2款规定："诉讼参与人对于审判人员、检察人员和侦查人员侵犯公民诉讼权利和人身侮辱的行为，有权提出控告。"

● 公民行政了解权（知情权）的法律依据

《行政处罚法》第31条规定："行政机关在作出行政处罚决定之前，应当告知当事人作出行政处罚决定的事实、理由及依据，并告知当事人依法享有的权利。"

《政府信息公开条例》第9条规定："行政机关对符合下列基本要求之一的政府信息应当主动公开：（一）涉及公民、法人或者其他组织切身利益的；（二）需要社会公众广泛知晓或者参与的；（三）反映本行政机关机构设置、职能、办事程序等情况的；（四）其他依照法律、法规和国家有关规定应当主动公开的。"

● 请求依法行政、合理行政、抵制违法行政权的法律依据

《行政处罚法》第56条规定："行政机关对当事人进行处罚不

使用罚款、没收财物单据或者使用非法定部门制发的罚款、没收财物单据的,当事人有权拒绝处罚,并有权予以检举。上级行政机关或者有关部门对使用的非法单据予以收缴销毁,对直接负责的主管人员和其他直接责任人员依法给予行政处分。"第62条规定:"执法人员玩忽职守,对应当予以制止和处罚的违法行为不予制止、处罚,致使公民、法人或者其他组织的合法权益、公共利益和社会秩序遭受损害的,对直接负责的主管人员和其他直接责任人员依法给予行政处分;情节严重构成犯罪的,依法追究刑事责任。"

# 六、公民劳动权利

公民的劳动权利就是有劳动能力的公民享有平等就业和选择职业的权利、取得劳动报酬的权利、休息和休假的权利、获得劳动安全卫生保护的权利、接受职业技能培训的权利、享受社会保险和福利的权利、提请劳动争议处理的权利以及法律规定的其他劳动权利。1994年7月5日第八届全国人大常委会第八次会议通过的《劳动法》，是新中国成立以来第一部全国统一的、综合性的劳动法律，后根据2009年8月27日第十一届全国人民代表大会常务委员会第十次会议《关于修改部分法律的决定》修正。另外，《公司法》《妇女权益保障法》《未成年人保护法》《工会法》等相关法律中也含有劳动法律规范。

## 1. 克扣工资押金无理　限制选择职业权违法

**案例：** 赵某大学毕业后在一家公司找了一份工作，经过一个月

的岗前培训上班了,尽管工资不高,但还比较开心。两个月后有些同事提出辞职,原因是工资越来越少,服装费、培训费、体检费,各种各样的罚款也接踵而来,原来规定的试用期也由3个月变成了6个月。人力资源部还放出话来,不准辞职,否则扣除所交押金,工资不发,还要赔偿公司的培训费用。开始大家都保持了沉默。一次,赵某忘戴胸卡,主管竟然开了一张50元的罚款单,赵某决定不干了,提出辞职。经理问他为什么辞职,赵某说这种工作不适合自己,辞职是我的权利。经理问谁给你的权利,赵某回答说,是法律。经理又说,我们要扣除你的押金和工资。赵某说我要起诉你,经理瞪大眼睛望着赵某,3分钟后,他爽快地在辞职报告上签了字,并通知财务部门结算他的工资。

## 2. 企业扣发工资不当　可申请仲裁解决争端

**案例:** 乔某在一家外资企业任职,之前其为某纺织厂职工,系该厂团支部书记、某区青年团委员,到外资企业任职后仍保留区团

委委员职务。2006年3月5日,区团委通知乔某参加团代会活动,乔某向部门经理报告后参加了区团委活动,前后共15天,返回单位上班时该企业以乔某擅自离岗半月,扣发当月工资3000元和津贴1200元。乔某向劳动仲裁委员会申请仲裁,仲裁委员会以企业应依法支付职工参加社会活动期间的工资为理由,裁决该企业必须支付乔某工资及津贴。

## 3. 工作12小时条款无效　职工休息权请求合法

**案例:** 某服装厂与工人订立劳动合同时,职工们对厂方拟定的每天工作12小时、厂方按规定支付加班工资的条款,都表示赞同并签订了合同。合同执行半年以后,职工王某、刘某感到工时长,

休息不够，身体疲劳，向厂方提出了不再加班的请求。厂方认为，加班出于自愿，并在劳动合同中写明，不仅不同意职工的要求，还认为不加班就是违约，要承担违约责任。王某、刘某因此与厂方发生争议，并向当地劳动争议仲裁委员会提出了申诉。仲裁委员会受理该案后，裁定该厂与职工所签订的每日工作12小时的条款无效，两名职工的休息请求合法。

## 4. 伤亡概不负责的约定违法　劳动安全保护权依法保护

**案例**：马某与一煤矿签订了一份合同，合同规定，在合同期间发生意外事故，不论什么原因，矿方概不负责。两个月后，矿井大面积倒塌，马某受重伤。马某家属要求煤矿支付医疗费，但矿方以合同规定为由，拒不支付医疗费。马某及其家属诉诸法律，法律裁定该合同有关意外事故造成人员伤亡概不负责的约定是违法的，其协议无效，矿方应当支付马某的全部医疗费并给予适当的生活补助费,建议劳动管理部门对煤矿的安全隐患进行检查,督促整改。

## 5.职业技能培训权受侵 诉诸法律解决争端

**案例**:职工李某在原单位工作已经超过10年,在原单位工作期间接受过正常培训,现在因工作需要调离原单位,原单位却要从李某的工资中扣除培训费。李某诉诸法院,法院经审理认为:劳动法明确规定用人单位应当建立职业培训制度,按照国家规定提取和使用职业培训经费,有计划地对劳动者进行职业培训。劳动者接受职业技能培训是应有的权利,不能以调离为由扣回其培训费。

## 6. 退休工资无保障　诉诸法律讨说法

**案例**：65岁的张某到县人民医院工作近29年，一直为临时工。在医院工作期间听从院领导的管理与安排，从事各种岗位工作任劳任怨，对工作认真负责，一直以来由医院发放工资报酬，基本能够按时领取。自2000年以来，随着年龄的增加，身体状况不如以前，医院便以种种理由为难她，调换工作岗位，并使工资降到低保线以下，每月工资仅100元，难以维持家庭生活所需，欲逼其自动离职。张某虽多次找医院协商工资及退休事宜，医院始终不予正面回答，并一直拖欠工资，对其今后工作也不理不睬。张某因为生气引发多种疾病，身心受到严重伤害。在无可奈何情况下，张某为讨回自己应得的合法收益诉诸法律。

**【专家点评】**

平等就业和选择职业权,是指劳动者就业不因民族、种族、性别、宗教信仰不同而受歧视;妇女享有同男子平等的就业权利;建立劳动关系应订立劳动合同;劳动合同试用期最长不得超过 6 个月;劳动者可以自主选择职业。此外,试用期与劳动合同的期限应一致,如劳动合同期限不满 6 个月的,不得设试用期;满 6 个月不满 1 年的,试用期不得超过 1 个月;满 1 年不满 3 年的,试用期不得超过 3 个月;满 3 年的,试用期不得超过 6 个月。劳动合同当事人仅约定试用期的,试用期不成立,该期限即为劳动合同期限。续订劳动合同不得约定试用期。《劳动法》规定职工辞职时,不得无故克扣、拖欠职工工资。劳动部也有文件规定,不准向劳动者收取任何形式的押金,否则劳动者有向劳动部门申请仲裁的权利,还可以向劳动监察部门举报,也可向人民法院起诉。面对用人单位违法的要求,劳动者应当勇敢地拿起法律武器,勇敢捍卫自己的权利,而不能一味地退让,委曲求全。

取得劳动报酬权是指劳动者从用人单位得到工资收入的权利;用人单位遵循按劳分配原则对劳动者的劳动力价值支付一定的报酬。用人单位支付劳动者的工资应当以货币形式按月支付,不得克扣或者无故拖欠。用人单位克扣或者无故拖欠劳动者工资的,以及拒不支付劳动者延长工作时间工资报酬的,除在规定的时间内全额支付劳动者工资报酬外,还需加发相当于工资报酬 25% 的经济补偿金。劳动者在法定休假日或婚丧假期间以及依法参加社会活动期间,用人单位应当依法支付工资。

劳动者每周工作时间不得超过 40 小时,每日工作不得超过 8 小时;用人单位可延长工作时间,一般每日不得超过 1 小时,如有特殊原因且能保障劳动者身体健康,可延长每日不得超过 3 小时,但是每月不得超过 36 小时;由于生产或工作的特殊性,经劳动保障部门批准,用人单位可以实行其他工作和休息办法;实行综合计算工时制的职工,以周、季、年等为周期,综合计算工作时间,但是平均每天和每周的工作时间应符合法定工作时间。

获得劳动安全卫生保护权要求用人单位必须建立、健全劳动安全卫生制度，严格执行国家劳动安全卫生规程和标准，对从事有职业危害作业的劳动者应当定期进行健康检查。每个劳动者有权享受退休、医疗、工伤、失业和生育保险待遇；职工因工死亡，其直系亲属可从工伤保险基金中领取丧葬补助金、供养亲属抚恤金和一次性工亡补助金；每个女职工都有权享受特殊的劳动保护待遇（孕期、哺乳期的工作时间规定）；带薪休假劳动者连续工作一年以上的，享受带薪年休假，劳动者应享受法定带薪休假节日；劳动者在法定休假日和婚丧假期间以及依法参加社会活动期间，用人单位应当依法支付工资；公民晚婚晚育，可以获得延长婚假、生育假的奖励或者其他福利待遇。

职业培训之所以成为一种权利，在于其对劳动者工作权、报酬权和职业安全权的实现具有一种现实的保障功能，能够间接地为劳动者带来利益。因为职业培训有助于增强劳动者的就业竞争能力、扩大择业领域、获取较高的劳动报酬，也可以减少职业伤害。用人单位应当建立职业培训制度，按照国家规定提取和使用职业培训经费，根据本单位实际，有计划地对劳动者进行职业培训。从事技术工种的劳动者，上岗前必须经过培训。正常业务培训不应由职工本人承担费用。

劳动者还享受社会保险和福利权。社会保险是国家和用人单位依照法律规定或合同的约定，对具有劳动关系的劳动者在暂时或永久丧失劳动能力以及暂时失业时，为保证其基本生活需要，给予物质帮助的一种社会保障制度。国务院《关于工人退休、退职的暂行办法》第1条规定"男年满60周岁，女年满50周岁，连续工龄满10年"应该退休。案例6中的张某符合法定的退休条件，可以要求单位办理退休手续，享受社会保险和福利待遇。如就此发生争议，应在争议发生之日起60日内申请劳动仲裁。疾病、年老等对每一个劳动者都不可避免，社会保险是劳动力再生产的一种客观需要。我国的劳动保险包括生育、养老、疾病、伤残、死亡及供养直系亲属等，后又增加了待业保险。

**【相关链接】**

●平等就业和选择职业权的法律依据

《宪法》第42条第1款规定："中华人民共和国公民有劳动的权利和义务。"

《劳动法》第3条第1款规定："劳动者享有平等就业和选择职业的权利……"

●取得劳动报酬权的法律依据

《劳动法》第3条第1款规定："劳动者享有平等就业和选择职业的权利、取得劳动报酬的权利……"第50条规定："工资应当以货币形式按月支付给劳动者本人，不得克扣或者无故拖欠劳动者的工资。"

●休息和休假权的法律依据

《宪法》第43条第1款规定："中华人民共和国劳动者有休息的权利。"

《劳动法》第3条第1款规定："劳动者享有平等就业和选择职业的权利、取得劳动报酬的权利、休息休假的权利……"

●劳动安全卫生保护权的法律依据

《劳动法》第54条规定："用人单位必须为劳动者提供符合国家规定的劳动安全卫生条件和必要的劳动防护用品，对从事有职业危害作业的劳动者应当定期进行健康检查。"

●职业技能培训权的法律依据

《劳动法》第68条规定："用人单位应当建立职业培训制度，按照国家规定提取和使用职业培训经费，根据本单位实际，有计划地对劳动者进行职业培训。从事技术工种的劳动者，上岗前必须经过培训。"第69条规定："国家确定职业分类，对规定的职业制定职业技能标准，实行职业资格证书制度，由经过政府批准的考核鉴定机构负责对劳动者实施职业技能考核鉴定。"

●享受社会保险和福利权的法律依据

《劳动法》第73条规定："劳动者在下列情形下，依法享受社会保险待遇：（一）退休；（二）患病、负伤；（三）因工伤残或者患职业病；（四）失业；（五）生育。劳动者死亡后，其遗属依法享受遗属津贴。劳动者享受社会保险待遇的条件和标准由法律、法规规定。劳动者享受的社会保险金必须按时足额支付。"

# 七、公民婚姻家庭权利

家庭是社会的基本细胞,建立平等互爱的婚姻家庭关系,是婚姻幸福、家庭美满的基础。公民婚姻家庭权利,是指公民在婚姻家庭关系中依法享有的各项权利。千百年来,中国女性、老人、儿童在家庭纠纷、经济冲突中,大都处于弱势地位。中国女性、老人、儿童要争取家庭地位、改善家庭权利除了法律保障外,更多的还是需要政府部门重视法治文化的普及和社会心灵的净化。

## 1. 公民享有婚姻自主权 欺诈取得的结婚证无效

**案例**:肖某与温某系同村村民,经人介绍后准备结婚。1997

年1月16日，村民小组为肖某、温某出具了办理结婚登记所需要的证明。同日，温某之父温甲持村民小组证明来到村委会，找村委会会计开具婚姻状况证明。1月18日，肖某、温某双方到乡民政所进行了结婚登记，因未交两人结婚合影照片，当日未领取结婚证书。两天后，双方因彩礼问题发生争执，两人解除婚约。1月22日，肖某从温某处取回结婚证，发现结婚证男方持证人姓名不是温某，而是其哥哥温乙，遂于1月28日以离婚为由诉至县人民法院，要求宣布其与温某的婚姻无效。法院受理本案后，经审理认为：起诉人肖某与被告温某冒他人之名办理结婚登记，登记无效，应由婚姻登记机关撤销登记，收回双方已取得的结婚证书。被告温某之父温甲与村委会干部恶意串通，采取欺诈手段为温乙骗取婚姻登记机关结婚登记，依法应予民事处罚。

## 2. 合法婚姻受法律保护　学校勒令退学或开除违法

**案例：** 女大学生王某，原是牡丹江医学院学生，已经完成了四年半的学习，通过了所有课程的考试，只差3个多月就可以毕业了。因学校接到举报，说王某实习期间有与人结婚、同居并生育行

为。学校在充分掌握了证据以后,于2005年3月,对王某作出开除处理。当时牡丹江医学院的校规中规定,对有同居行为的学生要给予勒令退学或开除学籍的处分。王某便求助于律师,律师认为她的行为违反校规却合法。因为结婚是宪法赋予公民的基本权利。王某已经到了法定结婚年龄,她的行为符合法律规定。2005年12月底,法院作出一审判决,裁定牡丹江医学院应撤销对王某的处罚。

## 3. 非婚生子女与婚生子女具有同等权利

**案例:** 2002年,刘某与肖某相识并恋爱。经过两年的恋爱关系,肖某与刘某按民俗举行了结婚仪式。因刘某当时尚未达到法定婚龄,双方未领取结婚证。2004年9月,肖某因早产剖腹产下一对双胞胎女婴,大女儿出生以后经抢救无效死亡,小女儿和肖某于2004年10月出院,住院费、医药费、抢救费共花去28872.08元,这些费用都是由肖某向他人所借，因双方为上述费用的支出产生矛盾并未能妥善解决，肖某向法院起诉，要求刘某负担其生育住院费用、小女儿的医疗费及抚育费。后刘某经县人民法院合法传唤，无正当理由拒不到庭参加诉讼。人民法院缺席审理后作出判决：被告刘某承担肖某因生育而产生的一半医疗费用；直至小女儿成年的抚育费；案件受理费等。

## 4. 自行签订送养协议无效　收养权需要民政部门确认

**案例：** 2002年2月，戚某与刘某及其家人因儿子意外被开水烫伤而无力支付巨额医疗费发生矛盾并赌气回四川娘家居住，后又到上海打工。后戚某回到家中发现，因刘某无力抚养受伤儿子将其送养给了周某夫妇。戚某多次索要孩子均遭到拒绝。无奈，戚某与丈夫一同将周某诉至法院。被告辩称，当时双方订有收养协议，被告按约支付了刘某1.38万元的补偿费。现在孩子已经办理了收养登记和周姓的户口，被告对孩子享有合法的收养权。且在收养期间被告投入了大量的感情和财力来抚养孩子，故原告无权要回孩子。法院审理后判决原告刘某单方与被告周某夫妇订立的收养协议无效，原告刘某夫妇享有对亲生儿子的抚养权，同时判决原告返还被告因送养获取的补偿款1.38万元及支付被告实际抚养期间支付的各项费用6.9万余元。

## 5. 赠养协议合法有效  受赠养权得到维护

**案例**：刘某有一子一女，儿子刘甲大学毕业后在省城工作，女儿刘乙高中毕业后出嫁到邻村。刘甲的父亲由于不习惯城市生活，又回到了老家。为了使老爸生活有个依靠，刘甲与邻居赵某签订了一份《赡养老人协议》，并约定：刘某的饮食起居由赵某夫妇照顾，刘甲每月付给赵某现金50元；刘某的医药费和将来的丧葬费由刘甲照实负担；刘某死后，其房屋归赵某所有。刘某也同意并签字。后刘乙与丈夫离婚，回到娘家居住，她起诉至县法院，要求解除其父、其兄与赵某签订的《赡养老人协议》，理由是：赡养父母是子女的法定义务，其胞兄的赡养义务不能转让给赵某；她本人的赡养义务也不许赵某剥夺。赵某辩称：刘某与他在一起生活得很开心，他又没有阻挠刘乙对父亲尽孝心，《赡养老人协议》应予维持。法院经审理认为：刘某父子与赵某签订的《赡养老人协议》合法有效，遂驳回了刘乙的诉讼请求。

## 6. 定期探望女儿合理　法律支持探望权利

**案例**：李某经人介绍与赵某相识，并结婚，生有一女孩。由于二人婚前相互了解不够，加上婚后不断冲突，二人分居三年，期间李某多次要求见女儿都遭到拒绝，想离婚又交不起诉讼费。赵某到法院起诉要求离婚，并认为自己与女儿长期生活，已经建立了深厚的感情，坚决要求抚养孩子。而李某认为双方已无夫妻感情，同意与赵某离婚，但也坚决要求抚养女儿。法院经审理认为：原、被告夫妻感情已经彻底破裂。双方协商离婚，法院予以照准。由于婚生女儿长期随原告及原告父母共同生活，已经建立了深厚的感情，李某虽也坚持要求抚养孩子,而李某目前又无固定居所,结合本案的实际情况,婚生女儿由赵某抚养较妥。但李某依法享有定期对女儿探望的权利,赵某应当予以协助。法院作出判决:被告李某在每月法定的双休日和节假日中有不少于4天行使对女儿的探望权利,到女儿独立生活时止。

**【专家点评】**

我国婚姻法对于"男女双方完全自愿"的规定既严谨又周密:一是双方自愿而不是一方自愿,这就排除了一方对另一方的强迫;二是本人自愿而不是仅需父母、家长等同意,这就排除了第三人对婚事的包办;三是完全自愿而不是勉强允诺,这就排除了各种外来的干涉和影响。当然,关于结婚必须男女双方自愿的规定,并不排斥当事人就此向父母、亲友等征询意见,后者出于对当事人的关心和爱护,不仅可以而且也完全应该按照法律和道德的要求,提出各种有意义的建议,是否采纳则只能由当事人决定。在这个问题上,一定要划清善意的帮助和非法干涉的界限。采用欺骗对方的方式获得结婚登记的,因为违背婚姻自愿原则,不具备结婚的实质要件,可以申请法院宣告婚姻无效。

受教育权是一项基本人权,是公民所享有的并由国家保障实现的接受教育的权利,是公民享有从国家接受文化教育的机会和获得受教育的物质帮助的权利。受教育权既是宪法赋予的一项基本权利,也是公民享受其他文化教育的前提和基础,不能因为公民享受婚姻自由权利而剥夺公民受教育的权利。因此在案例2中学校以校规来剥夺学生的合法权利是不合法的,其处理决定应予撤销。

非婚生子女与婚生子女享有平等的权利,均有被父母抚养的权利。我国法律之所以规定非婚生子女同婚生子女一样享有平等的权利,就是因为非婚生子女和婚生子女一样,与生父母有直接的血缘关系,是直系血亲。而且非婚生子女和婚生子女一样,都是社会的一个成员,是国家的一个公民,所以,国家法律应当一视同仁,加以保护。在案例3中刘某、肖某二人虽没有合法婚姻关系,但其双方对子女的义务并不能因此而免除，他们应当共同承担抚养子女的义务。因子女由肖某直接抚养，根据婚姻法的规定，不直接抚养非婚生子女的生父或生母，应当负担子女的生活费和教育费，直至子女能独立生活为止，因此刘某应承担相应的抚养费用直到子女成年。

收养作为变更亲属身份的民事法律行为，需合法、自愿、意思表示真实，被收养人年满10周岁的应征得其本人同意。被收养人应当是未满14周岁的下列人员：丧失父母的孤儿、查找不到生父母的弃婴或者儿童、生父母有特殊困难无力抚养的子女。送养人应当是下列人员：孤儿的监护人、社会福利机构、有特殊困难无力抚养子女的生父母。办理收养登记的机关为县级以上人民政府的民政部门。被收养人为查找不到生父母的弃婴和儿童的应在登记前予以公告。民政部门对证明材料齐全、合法、有效，符合收养条件的，应准予登记并颁发《收养证书》，公安部门应依法办理户口登记手续。在案例4中生父未经生母同意单方与收养人达成收养协议违反法律规定的收养自愿原则应被认定为无效，应由其生父母享有抚养权。

子女对父母有赡养的义务，但法律并没有禁止在有利于父母的情况下，由第三人代子女履行义务。在案件5中，刘甲将父亲的日常生活有偿交给赵某负责，这就是由第三人有偿代为履行赡养义务，这既方便了子女、父母，也为社会创造了就业岗位，显然有利无弊。上述《赡养老人协议》是刘甲、刘某和赵某的真实意思表示，并不违反法律或社会公共利益，且他们三人均是具备完全民事行为能力之人，根据《民法通则》规定，他们签订该协议的行为是合法的民事法律行为，受法律的保护。在这份协议当中，同时有刘某本人的签名，在约定赡养义务的同时也就死后房屋产权的归属进行了约定，这些条款属于附赡养义务的遗赠协议性质，这些条款也同样有效，应当履行。

探望权，指父母离婚后，不直接抚养子女的父母一方定期或不定期探望子女的一种权利。夫妻双方离婚后由谁来直接抚养子女应当充分考虑有利于子女成长的原则，在哺乳期内的以女方抚养为原则，哺乳期后的子女，如双方因抚养问题发生争执不能达成协议时,由人民法院根据子女的权益和双方的具体情况判决。同时,不直接抚养子女的父母一方,法律保护其享有合法探望权,无正当理由是不能剥夺的。但夫妻离婚后,孩子的爷爷奶奶或外公外婆是否享有探望权呢?法律并没有明确规定,但从有利于子女成长和维护子女正常的亲属关系角度来看,应当允许爷爷奶奶、外公外婆在适当的场合和适当的时间进行探望。对此,离异的夫妻双方可以通过协商予以解决。

**【相关链接】**

●婚姻自由、平等权的法律依据

《宪法》第49条第4款规定:"禁止破坏婚姻自由……"

《民法通则》第103条规定:"公民享有婚姻自主权,禁止买卖、包办婚姻和其他干涉婚姻自由的行为。"

《婚姻法》第2条第1款规定:"实行婚姻自由、一夫一妻、男女平等的婚姻制度。"

《宪法》第48条第1款规定:"中华人民共和国的妇女在政治的、经济的、文化的、社会的和家庭的生活等各方面享有同男子平等的权利。"

《婚姻法》第14条规定:"夫妻双方都有各用自己姓名的权利。"

●非婚生子女享有与婚生子女同等权的法律依据

《婚姻法》第25条规定:"非婚生子女享有与婚生子女同等的权利,任何人不得加以危害和歧视。不直接抚养非婚生子女的生父或生母,应负担子女的生活费和教育费,直至子女能独立生活为止。"

●收养权的法律依据

《收养法》第4条规定:"下列不满十四周岁的未成年人可以被收养:(一)丧失父母的孤儿;(二)查找不到生父母的弃婴和儿童;(三)生父母有特殊困难无力抚养的子女。"第6条规定:"收养人应当同时具备下列条件:(一)无子女;(二)有抚养教育被收养人的能力；（三）未患有在医学上认为不应当收养子女的疾病；（四）年满三十周岁。"

● 受赡养权的法律依据

《宪法》第49条第3款规定："父母有抚养教育未成年子女的义务，成年子女有赡养扶助父母的义务。"

《婚姻法》第21条规定："父母对子女有抚养教育的义务；子女对父母有赡养扶助的义务……子女不履行赡养义务时，无劳动能力的或生活困难的父母，有要求子女付给赡养费的权利……"

《老年人权益保障法》第14条第1款规定："赡养人应当履行对老年人经济上供养、生活上照料和精神上慰藉的义务，照顾老年人的特殊需要。"

● 探望权的法律依据

《婚姻法》第38条规定："离婚后，不直接抚养子女的父或母，有探望子女的权利，另一方有协助的义务。行使探望权利的方式、时间由当事人协议；协议不成时，由人民法院判决。父或母探望子女，不利于子女身心健康的，由人民法院依法中止探望的权利；中止的事由消失后，应当恢复探望的权利。"

# 附录

第一冊

附录一:

# 国家权力与公民权利协调互动的"县域法治"模式构建

## ——以三门县权力清单改革为样本的分析(节选)*

当今中国,无论是转变经济发展方式,还是保障民生,或是促进社会公平正义,如果缺少了法治,再好、再美的施政蓝图都可能变成一纸空谈。党的十八届四中全会提出全面依法治国,建设"法治中国"的五大体系、六项任务,为世界瞩目。它不仅从理论上为建设"法治中国"指明了方向,更在实践上为探索"法治中国"的具体路径提供了广阔的空间。为此,我们以三门县权力清单改革为样本,探讨国家权力与公民权利协调互动的"县域法治"模式,并首次提出"县域法治"模式的绩效测评体系,以期为逐步推进"法治中国"建设提供有益的借鉴。

### 一、法治为什么要从"县域"开始①

纵览中国历史,"县"作为乡村的头、城市的尾,在整个政治社会结构中始终居于特殊地位。"县"是国家政权与社会的一个重

---

\* 本文系中国法学会部级年度课题。课题组成员有:陈志君、董服标、王建华、陈羽、冯泽云。陈志君,浙江省人民检察院党组成员、政治部主任;董服标,浙江省台州市人大常委会秘书长;王建华,浙江省台州市人民检察院副处级检察员;陈羽,浙江省法学会干部;冯泽云,浙江省台州市编制办干部。

① 钱穆:《中国历代政治得失》,生活·读书·新知三联书店 2005 年版;[德]马克斯·韦伯:《经济与社会》,林荣远译,商务印书馆 2004 年版。

要连接点。官民冲突,社会各阶层的矛盾,都会在县一级首先暴露出来。"县"作为微观政治结构,拥有除外交权、军事权以外的地方事权。"县"是我国社会政治、经济、文化等方面相对独立的、呈稳定状态的基层社会单元,在我国的政权体系中占有重要地位,是国家政治稳定、经济发展、社会繁荣的重要基础。因此,我国自古以来就有"郡县治、天下安"的说法。

"郡县治、天下安"源于中国经验和中国实践,在当前仍有重大的现实意义。"县"这一基层行政单位的产生与发展,是历史选择的结果。在我国的历史发展中,"县"之所以能长盛不衰,就是因为其设置不是一种权宜之计,而是基于我国政治、经济和文化等多种因素互相结合的结果。我们认为,从法治建设角度来看,"郡县治、天下安"的说法同样成立。"郡县治"的"治"在现代语境下必然包含法律的治理,因而法治层面上的"郡县治"("县域法治")也会导致"法治中国"、"平安中国"的"天下安"。

诚然,"郡县治"的"郡"在区域上大于"县",那么,为什么恰恰是"县域"而不是"市域"或"省域"呢?这是由"县域"的特点决定的。"县域"的稳定性、连接性和社会管理性为"县域法治"提供了现实依据。试分析如下:

首先,"县域"的稳定性为"县域法治"提供了现实可能。"县"是我国地方管理体制中最稳定的行政建制。我国的"县",就其作为一种行政建制而言,在漫长的历史变迁中,虽然经历了无数朝代和政权的更迭,但其始终没有多大改变:一是地位基本未变。二是数量基本稳定。自从汉代以来,几乎每一个朝代在设县的数量上大都维持在1500—2000个左右。三是区域相对固定。

其次,"县域"的连接性为"县域法治"提供了制度约束。"县"是地方政权与基层政权的连接枢纽。我国自秦以来一直是单一制的中央集权国家,其政权体系按照其控制范围可分为中央政权、地方政权和基层政权。中央政权控制全国的一切行政活动,而地方政权则控制本区域内的行政活动,基层政权直接面向广大人民群众。在中国政权体系中,"县"是地方政权与基层政权的连接点，是承上启下的连接枢纽。一方面，"县"是执行与决策的统一。县上承中央、省市，下联乡镇农村。它既要贯彻执行中央和省（市）的方针政策，保证政令畅通，是个执行单位；又要结合县域实际进行宏观决策，是一个决策主体，是执行与决策的统一。"县"既是领导机关，在县域内处于总揽全局的地位；又是执行机关，要贯彻执行中央和省市的方针政策。可以说，国家的行政运转是否灵活高效，在很大程度上取决于它的运作状态。另一方面，"县"又是城市与乡村、工业与农业的结合点。"县"是城市文化向农村文化的扩散中介，是城乡文明交流的调节器，是传统文化和现代文化的碰撞点。

最后，"县域"的社会管理性为"县域法治"提供了治理空间。"县"是具有完整社会管理功能的行政单元。在长期的发展过程中，"县"逐渐形成了以县城为中心，集镇为纽带，以广大农村为基础的经济、社会区位。"县"集政治、经济和社会等各种功能于一体，是具有相对完整社会管理功能的地方行政单元，是个功能齐全的小型社会，也是国家权力体系的缩影。同时，县域经济是国民经济的重要支柱，对国计民生发挥着重要作用。县域经济涉及经济建设、事业发展、社会稳定各个领域，涵盖工业、农业、财政、金融、商贸、交通各个行业，是国民经济整体运行的重要枢纽，是统筹城乡经济社会发展的基本单元，是全面建设小康社会的重要关键，也是实现社会主义现代化的必要前提。"县"不仅提供了生产力发展的主要要素，既是国家劳动力资源的主要供给地，也是国家自然资源的集结地，又提供了巨大的消费市场。随着县域经济的持续发展和县域居民可支配收入水平的提高，"县"对国家社会经济发展的重要性将日益突出。

同时，在我国东部地区，"县域法治"还具有"先行法治化"的标杆意义。"先行法治化"是指中国东部地区在其经济与社会"先发"的基础上，在国家法制统一原则下，率先推进区域法治化。东部沿海地区的经济发展水平处于全国前列，不仅表现在人均GDP这样的经济指标上，也表现为对地方法律制度、司法、执法等方面的更高要求。东部地区经济发达的县（市、区）为数众多，以浙江为例，就有不少县（市、区）跻身全国百强县行列。这无疑为"县域法治"的"先行法治化"提供了重要的经济基础。

"县域"的上述特点决定着"县域法治"建设是社会主义法治建设的重要组成部分，也是实施依法治国基本方略的重要步骤，在整个依法治国进程中起着承上启下的纽带作用。"县域法治"作为"法治中国"的试验田，具有标杆意义。实现"法治中国"，需要一个一个具体的"县域法治"实践。"县域法治"的深入发展，有利于国家权力的约束，有利于公民权利的保障；而在治理层面上，则实现了国家治理能力的现代化，进而推进"法治中国"建设。

## 二、"县域法治"的"三门样本"①

从 2012 年开始，浙江省三门县以台州市行政权力规范化建设试点为契机，由县纪委（监察局）牵头推动，探索实施县域行政权力清单制度。经过三年多的系统实践，依法厘清并公开了县级政府及部门、乡镇政府的权力清单及运行流程，确立了法定权力清单和重点监督权力清单，拓展形成了财政专项资金管理清单，建立了权力清单动态调整机制等相关配套制度，形成了具有三门实践特色的权力清单体系，取得了一定成效。"权力清单"制度推行以来，三门县平安创建的内涵得到进一步拓展，平安治理的机制得到进一步创新，政府的公开透明程度也得到进一步加强。截至 2014 年，三门已经连续十年被评为省级平安单位创建工作先进单位，去年，还成功夺得平安银鼎，并在平安浙江十周年纪念大会上作典型交流。权力清单工作还先后两次得到李强省长的批示肯定，省纪委王海超副书记到三门调研后，也对三门的做法给予肯定。

"三门样本"的主要做法可归纳为以下五点：一是依法清权；二是依法确权；三是依法规权；四是依法亮权；五是依法制权。

---

① 中共三门县委、三门县人民政府：《三门县全面推行权力清单制度的先行实践》，2014 年 3 月；袁亚平：《浙江三门构建县域权力运行监管体系 7803 项权力全公开》，载《人民日报》2013 年 8 月 8 日。

三门推行县域行政权力清单制度的实践，在推动政务公开、加强依法行政、方便群众办事、促进公平公正，推进简政放权、政府改革和廉政建设上发挥了日益重大而深远的作用，取得了明显成效。"三门样本"的主要成效可归纳为以下六点：一是盘清了权力"家底"。二是规范了行政行为。三是形成了制度"笼子"。四是优化了发展环境。五是提高了政府公信力和满意度。2013年度台州市党风廉政建设满意度测评，三门县得分全市第一，反腐倡廉工作成效、政府机关办事方便程度、政府机关办事公开程度、遏制和消除腐败的信心等四项指标全市第一。六是创新了反腐方式。

"三门样本"的具体特点可归纳为以下五点：一是权力清单系统全面；二是权力清单综合运用；三是率先实施形式审查和行政备案制；四是引入了"顾客导向"；五是建立了公开体系。

### 三、"三门样本"的启示

目前法治政府建设，尤其是县一级的法治政府建设还存在诸多不足：主要是县级政府职能的"错位"、"缺位"、"越位"的问题还没有根本解决；执法不严格、不规范、不文明和与民争利、失信于民等现象时有发生；对行政权力的制约和监督机制还不够健全，权力与利益挂钩、与责任脱钩的问题还没有完全解决。尤其是县一级地方政府权限的有限性和地方经济发展的法制需求之间的矛盾日益突出，导致改革进入利益格局深度调整阶段的攻坚期，各种问题盘根错节，可能会引发各种冲突和事件，直接威胁社会安全稳定。以清单形式对各项权力的边界进行明确规定，把一切权力都置于公民权利制约和监督之下。不仅对权力越界行为有了抵制、制约、监督、查办、惩处的明确标准，能有效减少各种权力越界行为，保证政府权力不被滥用，维护法律法规的权威性；而且也给包括市场行为在内的各种社会行为在边界之内和底线之上留下了足够活动空间，有利于公民遵纪守法和市场主体依法经营。"三门样本"的生动实践，阐释了建立国家权力与公民权利协调互动的"县域法治"模式的必要性和重要性：一方面，权力规范方便了群众办事，维护了民权民利。对于行政许可、行政确认、行政给付等授益性行为，精减办理环节、减少办理条件、缩减承诺时限，推行"即审即办、联审联办"，方便了群众办事；对于行政处罚、行政强制、行政监管等损益性行为，优化流程，让程序更为严谨、具体，加强制度约束和层级监管，使权力运行不以执行人的变换或执行人的主观意愿而改变，维护了群众权益；另一方面，权力规范促进了减权简权，审批提速，达到了约束公权力的目的。

公民权利和国家权力之间的互动关系是宪法与法律的精髓，公民权利的适当张力是民主国家的综合体现。宪法的实现，最根本的标志就是公民权利和国家权力的协调共振和良性互动。如果政府权力过大，公民的权利可能就会减少或削弱。法治社会授予政府一定的权力，目的是为保障公民的权利不受不法侵害。从这个意义上讲，在两者关系上，公民权利应该位于第一，国家权力次之，这样，才能实现公民权利和国家权力的平衡，也是我们"县域法治"的终极目标。从国家权力与公民权利协调互动的"县域法治"模式的要求来看，与"权力清单"相应的公民权利"法律保护清单"也应列入公布范围。相对于旨在规范政府部门执政执法的"权力清单"，公民权利的"法律保护清单"应该旨在强调公民在法律法规范围内所享有的社会性福利。这两份清单是相辅相成、互为依托的。政府部门在哪些方面拥有执法权力，公民就在哪些方面享有相应的权利。具体说来，公民权利的"法律保护清单"的作用，应该表现在以下几个方面：

第一，"权力清单"公之于众，就是要让公众清楚地看到，政府部门和官员手中的权力是否"授予有据、行使有规"。具体到某个政府部门的某个官员，他可以行使哪些权力，每项权力可以行使到何种程度，在他的"权力清单"上都可以找到明确的答案。这就意味着，凡是超出"权力清单"所规定范围和程度的权力，由于没有合法的授权，都是无效权力或非法权力。政府官员如果擅自行使，就有违法行政之嫌，甚至可能发展成为职务犯罪。公布"权力清单"之后，既有利于人大监督、司法监督、舆论监督、群众监督等外在形式依照"清单"监督官员的权力，也有利于官员依照"清单"内在地约束自己的权力,使官员首先弄清楚,自己到底能做什么,不能做什么,能做的应当通过什么样的程序去做,从而避免权力缺位、权力越位和胡乱作为。

第二,公民权利的"法律保护清单",是对政府部门"权力清单"的补充,是对依法行政的进一步规范。政府部门的"权力清单"已经对其执法权力进行了列举,该干什么不该干什么都已经比较明确了。但是,政府部门毕竟还是站在一个主动者的角度上去执法的,执法限度往往靠主观感觉去把握,这就难免有"出格"的时候。但假如有了公民权利的"法律保护清单",执法部门在执法的时候不仅要践行自己的权力,还要兼顾公民的权利,这就促使他们不时设身处地地换位思考,使自己的执法严格地处在一个框架之中,切实处理好严格执法与保障公民权利之间的关系。

第三,公布公民权利的"法律保护清单",将更有利于公民依法保护自己的权利。公民虽然已经对政府部门的执法权力有了比较明确的了解,但当自己处在对方执法环境之中的时候,自己还拥有什么权利?自己的权利在什么情况下该被认定受到了侵犯?相信大多数公民不见得有多少充分的了解。但如果公民权利的"法律保护清单"得以公布,公民在了解自己享有的权利的同时,将会在最大限度上维护和保障自己的合法权利,进而也会促使和规范执法者正确行使自己的权力。

引进公民权利,对官员权力进行监督制约,这是中国民主政治和法治建设的必由之路。现代法治社会本质上是"权利社会"而不是"权力社会",公布政府部门的"权力清单",归根结底还是要维护和保障公民的合法权利。"权力"只是手段,"权利"才是目的。"三门样本"的实践证明,公民权利的"法律保护清单"是对政府部门顺利执行"权力清单"的有力促进。

让权力清单进入科学的法治化轨道,会面临多方面的挑战和困难。因为,经济的快速良性发展与法治化建设之间是相辅相成的:没有良好的法治环境,经济不可能得到持续的发展;同样,缺少了经济的快速发展,法治化建设就失去了物质支持的基础。所以,要妥善处理好公共权力与私人权利的平衡、协调关系，从法律上、制度上体现和实现发展为了人民、发展依靠人民、发展成果由人民共享的国泰民安愿景。政府权力清单改革，必须从功利主义转向公民权利优先。

**四、建立国家权力与公民权利协调互动的"县域法治"模式的保障机制**①

"县域法治"模式是否可以这样定义：从特定的法治理念出发，在社会治理过程中固化下来的一套权力治理系统。用公式表述为：县域法治模式＝法治理念＋系统结构＋操作方法。县域法治实质就是动员全体公民运用法律手段，监督和治理公权力行使者作为和不作为的违法犯罪行为，切实改变过去认为法治就是用法律治理老百姓的错误观念，以实现县域内的法治政通人和。

以往的"县域法治"模式更多重视权力约束，对于公民权利保护强调不多，特别是对于国家权力与公民权利的协调互动关系鲜有论述。我们认为，"县域法治"的本质是依法治官、依法治权，不再让权力无所顾忌；"县域法治"的目标，是以依法执政、依法行政为主线，以公正执法、公正司法为重点，把"县域"范围内的各项事业和工作以权力清单形式纳入法治轨道，并引入公民权利进行监督，努力追求达到公民权利和行政权力的平衡，让权力在公民权利监督的阳光下运行。如何处理公权力与私权利、公权力机关与社会、个人的关系，是"县域法治"的重点，也是"县域法治"的难点，同时，也是在"县域"弘扬法治文化、培育公民社会，为法治国家提供社会基础的关键。探索并建立"县域法治"模式的约束机制，正是实现国家权力与公民权利协调互动的必由之路。

---

① 张成福：《开放政府论》，载《新华文摘》2014年第15期；王建华：《中国公民你不可不知的150项法律权利》，中国检察出版社2007年版；王建华：《画说权利》，中国检察出版社2010年版。

## （一）显性保障：建立"县域法治"的绩效测评体系

除了上文所涉及的是否盘清了权力"家底"，是否规范了行政行为，是否形成了制度笼子等规范性考量因素外，能否以及如何定量评价"县域法治"的绩效，对县域法治化程度进行数据化评价，是构建国家权力与公民权利协调互动的"县域法治"模式的重要环节。因此，我们结合三门实践，按照国家权力与公民权利协调互动的"县域法治"模式要求，探索性地提出建立"县域法治"的绩效测评体系。该绩效测评体系由1个测评量表、15个测评指标组成。评价标准可从15个方面界定，并以百分制记值。具体见下表：

| 序号 | 测评指标 | 测评分值 | 测评部门 |
|---|---|---|---|
| 1 | 地方性规范性文件的制定，是否遵循上位法律法规的规定并在适当的范围内进行有效地公开？ | 6分 | 县法制办 |
| 2 | 县域范围内基层民主自治制度是否完善，村委会的运作机制是否合理，村级民主、村务公开是否实现？ | 6分 | 乡镇政府 |
| 3 | 县域范围内的党组织能否积极有效地发挥依法领导作用，党政部门决策机制的规范化程度是否具有健全的行为规范，是否具备相互协调的决策、执行和监督体制？ | 8分 | 县组织部 |
| 4 | 政府及其相关部门在实施法律、法规、地方法规等上位法律法规以及地方性规范性文件时能否遵守规定以及承诺，政府在履行职责时是否具有规则意识，能否做到不越位、不缺位？ | 8分 | 县法制办 |

续表

| 序号 | 测评指标 | 测评分值 | 测评部门 |
| --- | --- | --- | --- |
| 5 | 县域内的各个党政部门能否遵守法律、法规、地方性规范性文件的程序规定？政府如何调和经济发展与社会秩序之间的矛盾（包括公共利益的界定，政府行为的规范）？ | 6分 | 县政法委 |
| 6 | 县域内的地方行政执法体系是否健全？行政执法程序是否完善？行政执法自由裁量是否规范化？行政执法责任制是否建立？ | 8分 | 县行政执法局 |
| 7 | 政府执法监督机制是否完备？党内监督、社会监督以及国家监督机制是否健全？廉政建设是否达标？ | 8分 | 县纪委、县人大常委会、县检察院 |
| 8 | 县域司法机关是否能够依法独立行使职权？司法是否公正，执法是否严格？ | 6分 | 县法院、县检察院、县公安局 |
| 9 | 县域司法机关、仲裁机构的工作效率及工作能力是否良好？县域内的社会纠纷解决机制是否完善，解决纠纷的效果是否良好？ | 8分 | 县司法局、县仲裁机构 |
| 10 | 党政部门能否依靠法律、法规、地方性规范性文件以及规则有效地消除、化解县域经济与社会发展过程中形成的种种不稳定因素与矛盾？ | 8分 | 县政法委 |
| 11 | 地方公务员及执行公共服务职能的人员的法治意识和国家机关工作人员是否具备依法履职、服务百姓的理念？他们的服务能力是否达到较高水准？ | 6分 | 县组织部、县人事局、县司法局 |

续表

| 序号 | 测评指标 | 测评分值 | 测评部门 |
|---|---|---|---|
| 12 | 当地普通民众的规则意识与法治意识如何？公民是否自觉地学法、用法、守法，是否自觉地依法维护自身合法权益？ | 6分 | 县司法局 |
| 13 | 当地县域的法治氛围是否具有良好的整合效应，即能否让外来人口（外来投资者、外来打工者、其他外来常住人口）较好地融入当地的社会生活？ | 6分 | 县劳动局、县司法局、县外来人口管理局 |
| 14 | 社会弱势群体尤其是失地农民的权益能否得到有效保障？ | 5分 | 县政法委、县农业局、县司法局 |
| 15 | 县域的法治状况与经济发展能否形成良性的互动关系？ | 5分 | 县政法委、县发展改革局 |

对测评量表的初步分析表明，测评指标1—10侧重"县域法治"的国家权力约束方面，测评指标11—15侧重"县域法治"的公民权利保护方面。假设测评指标1—10为"县域法治"绩效测评的横向变量，测评指标11—15可类推为"县域法治"绩效测评的纵向变量，整个量表构成对"协调互动""县域法治"模式的综合考量。

（二）隐性保障：加强社会监督，推进"县域法治"

人民群众是县域法治的主体，监督制约权力是实现人民群众当家做主的根本保证。保证公权力依法行使，尤其需要加强对权力运行的制约和监督，把权力关进制度的笼子里。在新形势下如何实现对权力运行的有效监督制约呢？

一是增强权力的透明度，做到以权利制约权力。不仅公布权力清单，加强党务、政务公开。而且，还要公布公民权利的法律保护清单，放大公民的监督权利。充分调动群众的积极性、主动性，提高群众的监督意识和水平，完善举报人和证人保护制度，确保人民群众的监督权利得到行使。拓展群众监督的渠道，创造能够监督、方便监督的平台和条件。重视舆论监督和网络监督，健全网络举报和受理机制，充分发挥网民的监督作用。

二是以权力制约权力，增强制度的约束力。深化行政管理体制改革，解决政府管理职能"越位"、"缺位"和"错位"等问题，充分发挥市场在资源配置中的基础性作用；深化司法体制和工作机制改革，加强对司法活动的监督，健全执法过错、违纪违法责任追究等制度，保证公正司法；深化财税管理体制、投资体制、金融体制和国有资产管理体制等方面的改革，铲除"四风"滋生蔓延的土壤和条件。把党内监督与人大监督、政府专门机关监督、政协民主监督、司法监督、社会监督等结合起来，提高监督的整体效能。

（三）内在保障：培育法治文化，弘扬法治精神

法治模式的90%以上是由法治文化构成的。因为，法治模式根植于不同的文化、社会、传统、风俗、信念及各种制度中，由于文化背景的差异，决定了不同国家、不同区域法治的价值观。人类社会治理经历了经验治理，必将向科学治理和文化治理阶段发展。

加强县域法治文化建设，要将过度的意识形态教育转变为宪法、法制和公民知识教育。在全社会加强有关公民知识的法制宣传教育，切实提高全体公民（包括领导干部和国家机关工作人员）的宪法意识和法制观念，增强全社会学法、尊法、守法、用法的意识和氛围，弘扬社会主义法治精神。努力培育社会主义法治文化，引导公民正确行使权利，依法保护权利，做一个学法、守法的合格公民。

附录二：

# 三门检察赋

> 三门县在公布权力清单的同时，将法律规定的公职人员的职务犯罪行为列为权力"负面清单"，创新了反腐方式。2017年初，按照上级统一部署，三门县检察院将反贪、反渎和职务犯罪预防等部门整体转隶到监察委员会，进一步增强查处权力"负面清单"的力度和势头。"上为国惩贪墨，下为民洗冤名。赋黎元以正义，彰天下以公平。"一篇《三门检察赋》道尽人间激浊扬清、惩腐倡廉的精气神，也为"县域法治"文化谱写了一曲壮丽的乐章！

海盈淑气，景媚紫烟。泻清新于湫水之麓，衍上善于金银之湾【1】。是以渔火农耕，化育海山之仙国；和风玉水，生就尧舜之晧天【2】。盖三门检察担道义，惩究奸【3】。去浊气，清贪泉【4】。法德并举，警育共弦。惟致公是尚【5】，惟实干为先也。

夫检察者，上为国惩贪墨【6】，下为民洗冤名。赋黎元以正义【7】，彰天下以公平。懿夫三检反贪反渎，且厉且诚。朝擒百千万之巨蠹【8】，暮捕三五万之细蝇。乃至微虫颤颤，硕鼠兢兢【9】。若夫侦监公诉，亦严亦明。析疑去伪，洞幽烛冥。揪大辟于迹盗【10】，现毒贩于乱藤【11】。振雄辩以无碍，白楚狱而无争【12】。且民行严督，监所力耕。无不立公信于广众，强监督于全程也。

至若出新创优，亦盛亦精。羁押必审之规，两浙肇创；集中审理之制，三越齐鸣【13】。公开审查，发端于琴江玉浪；公开宣告，先唱以之江潮声【14】。一站便民，恤黎民之心意；阳光检务，纳诤谏以澈澄。乃至三门范本，百邑推行【15】。况乎精检明察，延及乡村；定分止争，润乎田井【16】。岂非顺民心，崇廉正。刺史之雨长流【17】，检员忠毅而坚劲乎【18】！

三检始于一九五五，初属宁波，后并临海【19】；六二再立，文革尽毁，迨及七九复建，自此法脉重振。历届班子沥血呕心，百千检员图强发愤。擎小院大为之旗【20】，破薄力后居之阵。由下游上溯省优，终臻国之先进也【21】。今之三检，严规矩，专术业；勇担当，弃墨守。怀丹邱栖凤之德仁【22】，尚戚公荡倭之雄赳【23】。持精进之初心，托恒强以众手【24】。斯则兆民安乐于街巷，三门祥和而永久。善矣！在公夙夜，列仕执法为民；如意安宁，九州清风是尚也。

三门县人民检察院与苏绍康【25】合作<br>二零一六年七月一日

注释：

【1】淑气：天地间的神灵、温和之气。紫烟：紫色瑞云。湫水：山名，三门县境内的最高的山。金银湾：浙东三门湾的别称。【2】海山之仙国：文天祥曾以"海山仙子国"赞美三门。皓天：光明的上天，源自《荀子·赋》的"皓天不復，忧无疆兮。千岁凶反，古之常也"。【3】究奸：泛指作奸犯科的犯罪分子。【4】贪泉：此处引用东晋时期广州刺史吴隐之"酌贪泉而觉爽，处涸辙以犹欢"的典故。传说饮用贪泉的人会变得贪婪，但吴隐之饮用了贪泉水反而更清廉。这里"清贪泉"意指从源头上预防和遏制贪腐犯罪。【5】致公：源于《礼记·礼运》的"大道之行也，天下为公"。【6】贪墨：贪官污吏。这里泛指各类贪污贿赂、渎职侵权等职务犯罪。【7】黎元：指百姓。【8】百千万之巨蠹：2013年，该院立案查处某国有银行信贷员陈某贪污1180余万元的大案，这是该院有史以来查办的涉案金额最大的贪污案件。【9】微虫颤颤，硕鼠兢兢："颤颤"、"兢兢"均出自《诗经》，指因为害怕而发抖。【10】揪大辟于迹盗：2013年，该院公诉科在审查一起普通盗窃案时，深挖追诉一名故意杀人在逃案犯，后该案犯被判处死刑。大辟，语出《书·吕刑》的"大辟疑赦，其罚千锾"，为夏商五刑之一，是死刑的总称，隋朝以后泛指一切死刑。【11】现毒贩于乱藤：2015年，该院侦查监督科在审查一起贩卖毒品案时，监督公安机关对另一名犯罪嫌疑人立案侦查，最终该案犯被判处有期徒刑十年。【12】楚狱：出自《后汉书·楚王英传》，泛指冤假错案。【13】为贯彻落实新修订的《刑事诉讼法》，该院于2012年起先后在全省率先探索简易程序

案件集中办理机制和捕后羁押必要性审查机制,该两项机制的创新经验均被浙江省人民检察院重点推广。"两浙":唐代中期以钱塘江为界分设浙东、浙西两道,合称两浙,这里指浙江省。"三越":泛指东南沿海地区,这里特指浙江省。【14】2014 年,该院探索建立检察决定公开审查和宣告机制,并建设了在全省乃至全国均具首创价值的检察审查厅。该项工作被评为 2014 年度浙江省检察机关四个重大创新成果之一,工作经验被最高人民检察院和浙江省人民检察院全文推广。琴江:古称浮门江,因宋高宗在此断琴投江而得名,为三门县境内最大的江。【15】该院于 2011 年起历经四年探索,在全省率先建成集案件受理、案件管理、控申接待、行贿档案查询、律师阅卷、案件信息发布等功能为一体的"一站式"检察服务大厅。2014 年,以该院为范本的"综合性受理接待中心建设"被浙江省委写进了《关于全面深化法治浙江建设的决定》,并在全省检察机关推广。【16】2012 年以来,该院积极开展"检察履职进乡村"活动,先后打造健跳检察室三级网格化监督管理平台、职务犯罪预防示范村等一系列亮点特色,积极维护农村稳定,有效助推农村基层民主法治建设。【17】刺史之雨:引用屈坦、百里嵩的典故。屈坦:三国时期吴国刺史,临海大姑山人,隐居于三门湫水山。传说屈坦为龙王的化身,能帮助百姓呼风唤雨,深得百姓爱戴。百里嵩:东汉时期徐州刺史,为官清正廉洁,关心百姓疾苦。相传其在任时,适逢大旱、赤地千里,百里嵩亲自进山为民求雨,巡车所至,感天动地,立降大雨,旱情遂解。所以,当时人们称他为"刺史雨","甘雨随车"的成语也由此而来。这里引用"刺史之雨"的典故指上级检察院和地方党委的正确领导和关心支持。【18】坚劲:语出《管子·地员》的"其泉白青,其人坚劲",指劲健有力,坚强不屈。【19】1954 年 5 月—1957 年 6 月三门县属宁波管辖,1957 年 7 月划归台州管辖。1958 年 10 月三门县被撤销并入临海县,后于 1962 年 6 月恢复。期间,三门检察院也随之同步变更。【20】小院大为:指该院一直以来所秉持的"小院也有大作为"的工作理念,这一理念契合了浙江省人民检察院党组书记、检察长汪瀚在台州调研时提出的"基层检察院虽小,可舞台也不小;可以有小检察院,但检察官没有大小"的寄语。【21】2014 年,该院荣获"浙江省先进基层检察院"荣誉称号;2016 年 5 月,该院被最高人民检察院授予第六届"全国先进基层检察院"荣誉称号。【22】丹邱栖凤:出自"长者"梅盛的典故。梅盛曾任东晋时期章安县令,兴官学,开教化,公正断案,劝谕农桑,受到朝廷褒奖。后移居章安宁和乡(今三门县亭旁镇境内)开荒安家,为三门十大历史名人。梅盛儒释道兼修,心性纯正仁厚,品格淡泊高尚,他在丹邱山种竹植梅,结庐静修，日夕诵读《莲华经》，相传有丹凤"降于座隅，经年不去"，后南朝宋文帝下诏褒之为"长者"。【23】戚公荡倭：出自戚继光抗倭的典故。明嘉靖三十四年（1555 年）戚继光调浙江都司佥事并担任参将，负责宁波、绍兴、台州三郡防务，期间率领东南沿海军民清剿倭寇，威震东南。他所领导的"戚家军"纪律严明、训练有素，战绩辉煌，被誉为"16—17 世纪东亚最强军队"。【24】恒强：指该院提出的"强信念、强履职、强作风、强纪律"的愿景目标。【25】苏绍康，浙江台州临海市人，中国词赋家协会常务理事、中国青年辞赋家协会副会长、浙江临海市作协副主席。

附录三：

# 记住法律中的重要数字

## 一、法律权利知多少

1. 当事人刑事诉讼的共同权利

（1）对审判人员、检察人员、侦查人员侵犯公民诉讼权利和人身侮辱行为，有权提出控告；（2）对特定审判人员、检察人员、侦查人员、书记员、翻译人员、鉴定人的参与可能影响公正处理案件的，有权要求他们回避；（3）有权用本民族语言文字进行诉讼；（4）经审判长许可有权向证人、鉴定人发问；（5）经审判长许可，有权对证据发表意见或相互辩论；（6）有权阅读或请求宣读法庭笔录，对记载有遗漏或差错的，可以请求补正或者改正；（7）由于不可抗力的原因或有其他正当理由，而耽误期限的有权在障碍清除后的5日内，申请继续进行应当在期满以前完成的诉讼活动；（8）对发生法律效力的判决、裁定，有权向人民法院或人民检察院申诉。（当事人特指被害人、自诉人、犯罪嫌疑人、被告人、附带民事诉讼的原告人和被告人）

2. 当事人民事诉讼的共同权利

（1）要求人民法院公正审判的权利（请求司法保护、委托代理人和申请回避等）；（2）维护实体权利的请求和主张诉讼的权利（收集、提供证据，进行辩论和查阅案件有关材料等）；（3）处分实体权利的诉讼权利（请求调解权、提起上诉权、自行和解权等）；（4）实现民事权益的诉讼权利，如申请执行权等。

3. 被告人刑事诉讼的权利

（1）被告人除自己有权辩护外，还可以委托一至二人作为辩护人。(2) 公诉案件自移送审查起诉之日起,犯罪嫌疑人和被告人有权委托辩护人,自诉案件的被告人有权随时委托辩护人。(3) 被告人是盲、聋、哑或未成年人以及可能判处死刑而没有委托辩护人的,有权获得人民法庭指定承担法律援助义务的律师辩护。(4) 在审判过程中,被告人有权拒绝辩护人辩护,也有权另行委托辩护人辩护。(5) 一次传唤、拘传不得超过12小时;禁止连续传唤、拘传;取保候审不得超过12个月,监视居住不得超过6个月。否则,犯罪嫌疑人、被告人有权要求解除强制措施。(6) 犯罪嫌疑人有权对讯问笔录中的遗漏、差错,要求改正或补正。(7) 被羁押的犯罪嫌疑人、被告人有权申请取保候审。(8) 犯罪嫌疑人对侦查机关作为证据的鉴定结论,有权申请重新鉴定或补充鉴定。(9) 犯罪嫌疑人对侦查人员所提的与本案无关的问题,有权拒绝回答。(10) 犯罪嫌疑人有权请求自行书写供述。(11) 犯罪嫌疑人在被侦查机关第一次讯问后或者采取强制措施之日起,有权聘请律师为其提供法律咨询、代理申诉、控告。(12) 法庭辩论终结后,被告人有最后陈述的权利。(13) 自诉案件的被告人在诉讼过程中,有权对自诉人提起反诉。(14) 被告人不服地方各级法院一审判决、裁定,有权用书状或口头向上一级人民法院上诉。

4. 被告民事诉讼的权利

(1) 应诉权;(2) 反诉权;(3) 委托代理和申请回避权。

5. 被害人刑事诉讼的权利

(1) 被害人由于被告人的犯罪行为而遭受物质损失的,在刑事诉讼过程中,有权提起附带民事诉讼。(2) 被害人对侵犯其人身、财产权利的犯罪事实或者犯罪嫌疑人,有权向公安机关、人民检察院或人民法院报案或者控告。(3) 对自诉案件,被害人有权直接向人民法院起诉。被害人死亡或丧失行为能力的,被害人的法定代理人、近亲属有权起诉。(4) 公诉案件的被害人自案件移送起诉之日起,有权委托诉讼代理人。(5) 被害人经审判长许可,可以向被告人发问。(6) 被害人对侦查机关用作证据的鉴定结论,有权申请补充鉴定或重新鉴定。(7) 被害人对人民检察院不起诉的决定不服，有权在收到决定书后 7 日以内向上级人民检察院申诉，请求提起公诉。对人民检察院维持不起诉决定的，被害人可以向人民法院起诉。也可以不经申诉直接向人民法院起诉。（8）被害人不服地方各级人民法院一审判决的，自收到判决书 5 日内，有权请求人民检察院提出抗诉。

6. 被害人民事诉讼的权利（实体权利）

（1）所有权（包括占有权、使用权、收益权、处分权）。

（2）物权（一物一权）。

（3）债权。债权分为：①合同；②侵权；③不当得利；④无因管理。

（4）人身权，分为人格权和身份权。

人格权包括：①生命权；②健康权；③身体权；④姓名权；⑤肖像权；⑥名誉权；⑦自由权；⑧隐私权；

身份权包括：①配偶权；②亲权；③亲属权；④监护权；⑤荣誉权。

7. 自诉人刑事诉讼的权利

（1）自诉人在宣告判决前，有权同被告人自行和解或者撤回自诉。（2）自诉人有权随时委托诉讼代理人。（3）自诉人不服地方各级人民法院第一审判决、裁定，有权用书状或口头向上一级人民法院上诉。

8. 自诉人民事诉讼的权利（申请司法保护）

（1）证据保全；（2）财产保全（查封、扣押、冻结等），包括诉前保全（15 日内提起诉讼）和诉讼保全；（3）支付令申请权；（4）先予执行申请权。

9. 辩护人的权利

（1）查阅、摘抄、复制案件有关材料；（2）会见、通信权；（3）辩护律师收集证据的权利；（4）辩护律师申请司法机关收集、调查取证权；（5）辩护人有权得到人民法院的开庭通知，申请人民法院延期审理，参加法庭审理，有权得到案件处理结果的法律文书，协助被告人提出上诉等；（6）有要求公安、司法机关对被采取强制措施超过法定期限的犯罪嫌疑人、被告人解除强制措施的权利。

10. 行政诉讼被告的权利

（1）申请回避的权利；

（2）用本民族语言文字进行诉讼的权利；

（3）委托代理人参加诉讼的权利；

（4）提出证据的权利；

（5）经法院许可，有权向证人、鉴定人、勘验人员发问的权利；

（6）有权辩论、查阅补正庭审笔录；

（7）申请保全证据和延长期限的权利；

（8）提出上诉和撤回上诉的权利；

（9）有权申请人民法院强制执行判决、裁定的权利。

被告辩护律师享有调查取证权，无论民事诉讼还是行政诉讼中的被告方律师，法律都没有限制其调查的权利；但在行政诉讼中的被告，未经法院同意，在行政诉讼中的调查取证权是受限制的，即使调查的证据也不能作为定案的根据。这里作为行政诉讼中的被告律师与被告是委托法律关系；受托人律师的权利来自于委托人行政诉讼被告，在委托人的调查取证权受到禁止的前提下，其受托人的律师当然要受到相应的约束。民事诉讼中被告的律师却没有如此约束。

## 二、哪些人可以成为行政诉讼的被告

行政诉讼的被告不是行政机关的工作人员，而是行政机关本身。在行政诉讼中，行政主体始终作为被告，这是行政诉讼的一大特点。根据行政诉讼法和最高人民法院有关司法解释的规定，行政主体作被告的情况主要有以下几种：

1. 作出具体行政行为的行政机关作被告。

作出具体行政行为的行政主体作被告主要有以下几类：（1）"公民、法人或者其他组织向人民法院提起诉讼的，作出具体行政行为的行政机关是被告";"两个以上行政机关作出同一具体行政行为的,共同作出具体行政行为的行政机关是共同被告";(2)"经复议的案件,复议机关决定维持原行政行为的,作出原行政行为的行政机关和复议机关是共同被告";"复议机关在法定期间内不作复议决定,当事人对原具体行政行为不服向人民法院起诉的,应当以作出原具体行政行为的行政机关为被告"。值得注意的是,公民、法人或其他组织对行政机关与非行政机关共同署名作出的处理决定不服,向人民法院提起诉讼的,应当以作出决定的行政机关为被告,非行政机关不能作被告。

2. 改变原具体行政行为的复议机关作被告。

公民、法人或其他组织在起诉前,先按有关法律、法规的规定进行复议或选择了先行复议,而复议机关改变原具体行政行为的,即视为复议机关作出了新的具体行政行为,所以,原告提起行政诉讼时,就必须以该复议机关为被告。

什么情形属于复议机关"改变"了原具体行政行为呢?一般说来,(1)复议机关改变了原具体行政行为所认定的事实;(2)复议机关改变了原具体行政行为所适用的法律、法规或者规定;(3)复议机关改变了原具体行政行为的处理结果,即撤销、部分撤销或变更原具体行政行为。在这3类情况下,即视为复议机关改变了原具体行政行为,而作出了一个新的处理决定。

此外,复议机关如在法定期间内不作复议决定的,当事人是对复议机关这种不作为的行为不服提起诉讼的,应当以复议机关为被告。

3. 由法律、法规授权的组织所作的具体行为,该组织是被告。

有的组织原来不具有行政管理职权,但法律、法规授予了它在某一行政事务方面的管理权,公民、法人或其他组织如认为该组织所作的具体行政行为侵犯了其合法权益、应以该组织为被告提起诉讼。例如,《食品卫生法》规定:县级以上卫生防疫站和食品卫生监督检查所为食品卫生监督机构,有权对违反《食品卫生法》情节严重的个人或组织,给予行政处罚。该卫生防疫站和食品卫生监督检验所就是由法律、法规授权的这类组织。

4. 委托某一组织作出具体行政行为的，委托的行政机关是被告。

《行政诉讼法》26条规定："由行政机关委托的组织所作的具体行为，委托的行政机关是被告。"例如，乡政府委托某村民委员会行使某项行政职权，该村委会按照委托的权限作出某一具体行政行为，行政相对人对此不服，必须以该乡政府为被告提起诉讼。这就是行政法上的"权利可以委托、责任不能豁免"的原则的具体体现。值得注意的是，行政机关在没有法律、法规或者规章规定的情况下，授权其内设机构、派出机构或其他组织行使行政职权的，应当视为委托。当事人不服提起诉讼的，应当以该行政机关为被告。

5. 行政机关的内设机构、派出机构作出具体行政行为的，该行政机关是被告。

公民、法人或其他组织对行政机关的内设机构、派出机构作出的具体行政行为不服，向人民法院起诉的，应以该行政机关为被告。但是，有的法律、法规对行政机关的内设机构、派出机构有作出具体行政行为的授权，在此时，可以比照"法律、法规授权的组织"，直接以该内设机构或派出机构为被告。例如，《治安管理处罚条例》赋予公安派出所作出警告、500元以下罚款的权力。

6. 行政机关被撤销的，继续行使其职权的行政机关是被告。

在作出某一具体行政行为后，该行政机关被撤销的，法律规定，由继续行使其职权的行政机关作为被告；另外，还有就是，行政机关被撤销后，没有继续行使其职权的行政机关，在这种情况下，应由决定撤销原行政机关的上级行政机关或上级行政机关指定的行政机关作为被告。

## 三、法律维权避免5个误区

1. 打官司找熟人。有相当一部分当事人，在未提起诉讼前或一接到应诉通知书，首先想到的就是到法院找熟人、拉关系。殊不知，这样做往往不但于事无补，而且浪费精力，浪费时间，有的甚至还会上诉讼掮客的当。

2. 不积极应诉。相当一部分当事人认为被人起诉到法院是件不光彩的事，因而对应诉也采取消极的态度，甚至拒绝出庭诉讼。其实，在民事诉讼中，原告和被告的诉讼地位是平等的，他们的合法权益同样受法律的保护。

3. 过分依赖律师。有一部分当事人一碰到打官司的事，就变得没有了主张，把一切希望寄托在律师身上，什么都相信律师，什么都依赖律师。特别是在法院调解案件时，如果当事人完全依赖律师，自己毫无见解和主张，那么自己就很难与对方当事人进行沟通，导致案件调解处理的结果可能不完全符合当事人自己的心愿。

4. 重二审轻一审。不少当事人有这样的偏见：认为最终决定官司胜负的是二审，而不是一审，因而他们打官司时也往往是轻视一审注重二审。有的当事人甚至在一审时保留重要证据，等到二审时才提供出来。其实这种想法和做法都是错误的。人民法院审理民事案件无论是一审程序还是二审程序，任务都是相同的，同样都是为了保护当事人行使诉讼权利。因此，只要一审认定事实清楚，适用法律正确，那么即使上诉到二审，最终的结果也还是驳回上诉，维持原判。

5. 超时效起诉。大部分当事人都知道一般诉讼时效是三年，但是却不知道还有特殊诉讼时效。如身体受到伤害要求赔偿的，出售质量不合格的商品未声明的，延付或拒付租金的，寄存财物丢失或损毁的，等等，诉讼时效为 1 年，如果超过 1 年，就丧失了请求法院保护上述民事权益的权利。另外，还有不少当事人不知道申请法院强制执行也有期限。我国《民事诉讼法》规定，申请执行的期限双方或者一方当事人是公民的为 1 年，双方是法人或者其他组织的为 6 个月。如果超过上述期限申请人民法院执行，人民法院将不受理你的执行申请。

同时还要特别注意以下 4 点：（1）民事案件起诉时，原告应当按照被告人数提交诉状的复印件。所提交的复印件只限于副本，正本必须是原件；（2）法人起诉，必须同时提供法人资格情况和法定代表人的身份证明，以便法院在立案时审查其主体资格是否符合法律规定；（3）对已经超过诉讼时效期限而坚持要求起诉的，应当准许，法院也应当立案；（4）赢了官司，应及时申请执行。申请执行的期限：双方或一方当事人是公民的为1年，双方是法人或者其他组织的为6个月。

## 四、6种合同签不得

1. 口头合同。这类合同一般是由熟人牵线介绍签订的，没有书面，一旦发生利益纠纷，因口说无凭，劳动者利益必然受损。

2. 简单合同。这类合同虽有字据，但内容过简，含义不清，缺少必要的细节约束，出现纠纷难以处理。

3. 一边倒合同。即合同内容偏向用人单位，出现劳动者利益受损时，劳动者有苦难言，有理难伸。

4. 抵押合同。即用人单位把一些证件、财物押给用人单位，并在合同中写明。结果，劳动者利益不保时，难以及时脱身，即使走人也要损失财物，拿不回必要证件。

5. 生死合同。一些用人单位为了逃避应承担的工伤责任，便在签订合同时，要求劳动者"工伤自理"，这明显不符合《劳动法》有关规定。

6. 双面合同。用人单位与劳动者签订的规范合同用于应付有关部门检查，由用人单位保存；不符合法律规定、双方需要履行的合同才告知劳动者。

## 五、我国法律与年龄有关的规定

1. 出生

自然人从出生时起到死亡时止，具有民事权利能力，依法享有民事权利，承担民事义务。（《民法总则》第13条）

父母双方或一方为中国公民，本人出生在中国，具有中国国

籍。(《国籍法》第4条)

父母双方或一方为中国公民,本人出生在外国,具有中国国籍,但父母双方或一方为中国公民并定居在外国,本人出生时即具有外国国籍的,不具有中国国籍。(《国籍法》第5条)

2. 8周岁

8周岁以上的未成年人为限制民事行为能力人,实施民事法律行为由其法定代理人代理或者经其法定代理人同意、追认,但是可以独立实施纯获利益的民事法律行为或者与其年龄、智力相适应的民事法律行为。(《民法总则》第19条)

不满8周岁的未成年人为无民事行为能力人,由其法定代理人代理实施民事法律行为。(《民法总则》第20条)

3. 14周岁

奸淫不满14周岁的幼女的,以强奸论,从重处罚。(《刑法》第236条第2款)

引诱不满14周岁的幼女卖淫的,处5年以上有期徒刑,并处罚金。(《刑法》第359条)

已满14周岁不满16周岁的人,犯故意杀人、故意伤害致人重伤或者死亡、强奸、抢劫、贩卖毒品、放火、爆炸、投毒罪的,应当负刑事责任。已满14周岁不满18周岁的人犯罪,应当从轻或者减轻处罚。(《刑法》第17条第2款、第3款)

4. 16周岁

已满16周岁的人犯罪应当负刑事责任。(《刑法》第17条第1款)

因不满16周岁不予刑事处罚的,责令他的家长或监护人加以管教;在必要的时候,也可以由政府收容教养。(《刑法》第17条第4款)

16周岁以上的未成年人,以自己的劳动收入为主要生活来源的,视为完全民事行为能力人。(《民法总则》第18条)

5. 18周岁

教唆不满18周岁的人犯罪的,应当从重处罚。(《刑法》第29条第1款)

犯罪的时候不满18周岁的人，不适用死刑。(《刑法》第49条第1款)

审判的时候被告人不满18周岁的案件，不公开审理。但是，经未成年被告人及其法定代理人同意，未成年被告人所在学校和未成年人保护组织可以派代表到场。(《刑事诉讼法》第274条)

犯罪的时候不满18周岁，被判处5年有期徒刑以下刑罚的，应当对相关犯罪记录予以封存。犯罪记录被封存的，不得向任何单位和个人提供，但司法机关为办案需要或者有关单位根据国家规定进行查询的除外。依法进行查询的单位，应当对被封存的犯罪记录的情况予以保密。(《刑事诉讼法》第275条)

未满18周岁的人，可由其父母或其他法定代理人代为办理申请。(《国籍法》第14条)

年满18周岁的中国公民，不分民族、种族、性别、职业、家庭出身、宗教信仰、教育程度、财产状况、居住期限，都有选举权和被选举权，但是依照法律被剥夺政治权利的人除外。(《宪法》第34条)

18周岁以上的自然人为成年人，不满18周岁的自然人为未成年人。成年人为完全民事行为能力人，可以独立实施民事法律行为。(《民法总则》第17条、第18条)

6. 20周岁

结婚年龄女不得早于20周岁。(《婚姻法》第6条)

7. 22周岁

结婚年龄男不得早于22周岁。(《婚姻法》第6条)

8. 23周岁

有选举权和被选举权的年满23周岁的公民，可以被选举为人民检察院的检察官和人民法院法官。(《检察官法》第10条和《法官法》第9条)

有选举权各被选举权的年满23周岁的公民，可以被选为人民陪审员，但是依法被剥夺政治权利的人除外。(《人民法院组织法》第37条)

9. 45 周岁

有选举权和被选举权的年满 45 周岁的中华人民共和国公民,可以被选为中华人民共和国主席、副主席。(《宪法》第 79 条第 2 款)

# 参考文献

1. 《中共中央关于全面深化改革若干重大问题的决定》，人民出版社 2013 年版。

2. 《中共中央关于全面推进依法治国若干重大问题的决定》，人民出版社 2014 年版。

3. ［英］肯尼思·E. 博尔丁：《权力的三张面孔》，经济科学出版社 2012 年版。

4. 杨伟东：《行政权力清单制度的意义和落实》，载《中国法制》2014 年第 1 期。

5. 河北省人民政府办公厅：《河北省人民政府办公厅关于推行行政执法责任制的实施意见》2005 年 9 月 14 日。

6. 胡税根、余潇枫、许法根等：《扩权强镇与权力规制创新研究——以绍兴市为例》，浙江大学出版社 2011 年版。

7. 成都市人民政府办公厅：《成都市人民政府办公厅关于推进行政权力网上公开透明运行工作的意见》2009 年 5 月 11 日。

8. 李东梅：《宁夏将编制县委书记"权力清单"》，载《宁夏日报》2011 年 10 月 20 日。

9. 柳霞：《权力清单制度：将权力关入透明的制度之笼》，载《光明日报》2014 年 1 月 17 日。

10. 董峻、陈炜伟：《简政放权措施再度出台 国务院力促政府职能转变》，［DB/OL］．［2014 - 12 - 12］. http：//news. xinhuanet. com/politics/2014 - 12/12/c_ 1113626933. htm.

11. 沈锡权、岳德亮：《浙江：简政放权建成"三张清单一张网"，打造政府权力运行"制度笼子"》，新华每日电讯 2014 年 7 月 21 日。

12. 武汉市人民政府办公厅：《武汉市人民政府办公厅关于进

一步推进市级行政权力和政务服务事项清理规范工作的通知》2014年5月4日。

13. 江南：《浙江富阳晒出县域权力家底清单之外再无权》，载《人民日报》2014年4月18日。

14. 李明、陈琦：《粤编印行政审批"纵向权力清单"》，载《深圳特区报》2014年12月3日。

15. 安徽省人民政府办公厅：《安徽省人民政府关于推行省级行政权力清单制度的通知》2014年4月30日。

16. 浙江省发展和改革委员会：《富阳市权力清单试点工作初步形成"三单一图一改"》，［DB/OL］．［2014-05-17］．http：// www.zjdpc.gov.cn/art/2014/5/17/art_ 10_ 651486.html。

17. 胡税根、黄天柱：《政府规制失灵与对策研究》，载《政治学研究》2004年第2期。

18. 章宁旦、陈琦：《广东出台全国首张行政审批"纵向权力清单"》，载《法制日报》2014年12月2日。

19. 徐迅雷：《建立权力清单厘清权力边界》，载《理论参考》2014年第6期。

20. 胡税根：《论新时期我国政府规制的改革》，载《政治学研究》2001年第4期。

21. 江西省工商行政管理局：《江西省工商机关晒行政权力"清单"服务赣南苏区振兴发展》，［DB/OL］．［2014-08-27］．http：// news.jxgdw.com/jszg/2578530.html。

22. 汪国梁：《安徽省公布省级政府权力清单责任清单》，载《安徽日报》2014年11月1日。

23. 江国华：《中国宪法中的权力秩序》，载《东方法学》2010年第4期。

24. 陈国权、曹伟、谷志军：《论权力秩序与权力制约》，载《江苏行政学院学报》2013年第3期。

25. 包国宪、孙斐：《演化范式下中国地方政府创新可持续性研究》，载《公共管理学报》2011年第1期。

26. 韩福国、瞿帅伟、吕晓健：《中国地方政府创新持续力研究》，载《公共行政评论》2009年第2期。

27. 吴建南：《中国地方政府创新的动因、特征与绩效——基于"中国地方政府创新奖"的多案例文本分析》，载《管理世界》2007年第8期。

28. ［英］赫尔德：《民主的模式》，中央编译出版社2004年版。

29. 程文浩：《国家治理过程的"可视化"如何实现：权力清单制度的内涵、意义和推进策略》，载《学术前沿》2014年第5期。

30. 胡税根、徐靖芮：《我国政府权力清单制度的建设与完善》，载《中共天津市委党校学报》2015年第1期。

31. 王建华：《中国公民你不可不知的150项法律权利》，中国检察出版社2007年版。

32. 王建华：《画说权利》，中国检察出版社2010年版。

33. ［日］樱井哲夫：《福柯：知识与权力》，河北教育出版社2001年版。

34. ［美］列奥·施特劳斯：《自然权利与历史》，生活·读书·新知三联书店2003年版。

35. ［美］史蒂文·卢克斯：《权力：一种激进的观点》，江苏人民出版社2008年版。

# 后 记

　　三年前，本人随省、市党的群众路线教育实践活动督导组，在三门县进行了为期8个月的督导活动，对三门有了比较深入的了解：历史上的三门治安状况差、法治化程度低，曾发生过多起因山林纠纷械斗而致人死亡案件，也发生过村民聚众劫持被告大闹法庭事件，还发生过"狸猫换太子"的代人坐牢案件。今天，三门在法治建设方面取得的成绩和进步可圈可点：首先，目前全国范围推广的"权力清单改革"，是三门人在全县范围最先试行并取得成效；其次，三门老百姓法制观念比较强，能够自觉运用法律的武器维护自己的正当权益，几任强势政府部门的局长都有被当事人以行政诉讼方式推上被告席的经历；更为可喜的是，当前三门社会治安比较好，曾经连续十年荣获"省级平安县"称号，且被评为2004－2015年度省级平安创建工作先进单位！于是，我们在"走村入户"之余，思考着是什么力量能让三门人民如此平安祥和？带着问题和思考写出了《国家权力与公民权利协调互动的"县域法治"模式构建——以三门县权力清单改革为样本的分析》文章，先后在浙江省"治理体系治理能力现代化视野下的法治浙江建设"研讨会上获奖，入选中国法学会和浙江省法学会年度重点课题，还吸引了时任《民主与法制时报》总编室主任田雄同志前来采访"县域法治"的三门实践并作专题报道。

　　此书汇集了中国法学会和浙江省法学会两项重点课题的主要成果，今天有幸付梓出版，得到了许多单位领导和同志的大力支持和帮助，在此表示衷心的感谢！我要特别感谢国务院法制办原主任杨景宇，国家行政学院一级教授、法学部主任、博士生导师胡建淼，浙江省人大常委会副秘书长、法工委主任丁祖年，台州市人大常委会副主任李志坚等领导，在百忙之中为本书题词、作序和撰写前言；还要感谢三门县纪委、编委、政法委同志为本书提供了大量的基础资料及郑有赚、周尧正、金声波、罗献林、杨立君、包正浩、章益、林刚等同志的大力支持和帮助！

  罗马之城并非一天建成。"县域法治"模式的构建，是"法治浙江"建设的重要支柱，也是习近平法治思想从浙江形成到新时代的深化发展的组成内容之一。本书的成果仅是理论探索的开始，需要法治层面的不断实践，需要众多专家、学者参与，从不同层面开展研究和完善！为此，作者诚邀有关学者、专家加盟浙江省法学会"县域法治"研究中心筹备团队，为深化习近平法治思想和"县域法治"研究作出更大的贡献！

王建华

2018 年 1 月 12 日于椒江双耕园

# 鸣　谢

中国法学会

浙江省法学会

台州市人大常委会

台州市社会科学界联合会

台州市法学会

浙江泽鼎律师事务所

浙江海贸律师事务所

浙江力汇律师事务所

嘉兴东臣信息科技有限公司

中国政法大学疑难案件研究中心浙江联络处

中国政法大学疑难案件研究中心台州联络处

台州联正法律咨询服务有限公司

台州市收藏家协会

浙江省临海市东塍镇乡贤会

浙江中烨电子商务有限公司

台州市美诗儿电器有限公司

浙江省临海市合和木工机械有限公司